HAPPY LOVERS

HAPPY LOVERS

Designed and composed by Oleksandr Fraze-Frazenko.
Drawings and the cover photo are made by the author.

© All rights reserved. Printed in The USA. No part of this work may be reproduced or used in any form by any means — graphic, electronic or mechanical, including photocopying, recording, taping or usage in information storage and retrieval systems — without prior written permission of the authors, except for brief extracts for the purpose of review of this book.

ISBN 978-1-7351478-3-3

CONTENTS

HAPPY LOVERS (2020) 7
SANDY DIES (2016) 17
DEATH IN BOSTON (2018) 53
ELEGIES FOR CONSUELA (2016) 59
MASS (2010) 83

HAPPY LOVERS (2020)

translated by *Olena Jennings*

Щасливі коханці, 2020
переклала *Олена Дженнінз*

1

якщо ви не зауважили, то сьогодні дощить,
сіре небо і свіже повітря, і співають пташки,
по склу його машини біжать струмки,
по склу машини, дощові хробаки.

він вимкнув музику, видих, вдих,
деренчання краплин, і пташині співи,
це ж гарно, слухати Лонґ-Айлендську зливу,
а ще гарніше було б виходити сухим з води.

він знав, що вона там, на підлозі, закутана в плед,
на її чолі велике тату, незрозуміло з чим,
погляд напевно здається порожнім, тобто пустим,
оберненим трохи правіше й вперед.

а тату́? так, якась луска, чи шось в тому дусі,
і маленька дірка від цвяшка на вусі.

2

вона казала: це не луска, а будда,
і що це тату подобається чоловікам,
і що, звісно, впізнав би його навіть зі ста,
і що це був не плед, а пальто. і що схудла.

вона лежала навзнак, бо так зручно,
її волосся коротке на голові, ззаду колюче,
жодних тату на її ручках,
хіба на пальці, ніби обручка.
хіба ще щось під пледом, тобто пальтом.
на цій вулиці досі дощить за вікном.

на цій вулиці вже настало темно,
таку погоду любив капітан Немо,
тобто ніхто, бо ніхто його не знайде,
під цим водоспадом. тобто дощем.

1

in case you haven't noticed, it's raining today,
gray skies and fresh air, and singing birds,
on the windshield rolling drops of rain,
on the windshield earthworms.

he turned off the music, breathing in, breathing out,
the pattering of drops, and bird songs,
it's great to listen to the Long Island storm,
it would be better to emerge dry.

he knew she was there, on the floor, wrapped in a blanket,
a large tattoo on her forehead, unclear what it is,
her look seems empty, or vacant,
turned slightly to the right and forward.

and her tattoo? it's something like scales
and there's a small hole from a piercing above her lip.

2

she said: these aren't scales, they're the buddha
and that men like the tattoo,
and that, of course, he could tell it apart from a hundred others,
and that this wasn't a blanket, but a coat, and she lost weight.

she lies supine, it's comfortable that way,
the hair on her head is short, bristly in the back,
she doesn't have tattoos on her arms,
unless they are on her fingers like rings.
unless there is something else under her blanket, or is it a coat.
out on the street it continues to rain.

out on the street it is already dark,
this is the kind of weather Captain Nemo liked,
in other words, nobody, because nobody will find him,
beneath that waterfall, or is it rain.

3

а під пледом, звісно, татуювань ще зо п'ять,
на лопатках, на стегнах, і шрами зап'ясть
прикриті дрібними пташками, вони летять,
коли танцює вона і махає руками, немов дитя.

але тепер вона лежить, їх розділяє цей дощ і скло,
і тоді ще одне скло, за яким буде її кімната,
її мама її любила занадто, вона ніколи не знала тата,
просто лежить на підлозі, ніби нічого і не було.

Марко оповів, що в Філлі знову протести,
що два гелікоптери в нього над домом,
менти пристрелили чорношкірого знову,
і що тільки білий може воскреснути.

а вона просто лежить, цю смерть не покажуть в новинах,
і скажуть сусіди, що вона сама в тому винна.

4

може варто повернути в замку ключа,
може б ти вже хоч щось робив, бодай закричав,
шо ж ти сидиш і приймаєш усе ніби сам той будда,
сидиш під вікнами, приблуда.

ще тиждень дощитиме, дізнаємось про це згодом,
вони читали, як молитви, ці прогнози погоди,
вони заклинали ртуть у термометрі, мов змію в капелюсі,
і та піднімалася, і теплішало, щось в тому дусі.

бо вони уявляли, що майбутнє завжди прекрасне,
так і є, тільки трохи не так, як вони уявляли,
вони знали, що цілого світу замало,
вони знали, що місяць у небі не гасне.

так і є, тільки зараз їх розділяє вода.
ти не мусіла худнути, ти й без того худа.

3

beneath the blanket, of course, there are five more tattoos,
on her shoulder blades, on her thighs, and scars on her wrists
covered with small birds, they fly,
when she dances and waves her arms, like a child.

but now she lies there, they are separated by rain and glass,
and then more glass, behind which is her room.
her mother loved her too much, she never knew her father.
she just lies on the floor, as if nothing matters.

Marko said that there are protests again in Philly,
two helicopters hover over his house,
the police killed an unarmed black man again,
and some believe only a white man can be resurrected

and she just lies there, this death doesn't make the news,
and the neighbors will say she is to blame.

4

maybe it's worth turning the key in the lock,
maybe you should have done something, at least yelled
why do you sit and accept everything as if you are the buddha,
you sit by the window lost.

it will rain next week, we'll find this out afterall,
they used to read weather reports like prayers,
they jammed mercury into the thermometer, like a serpent into a hat,
and that one got up and it became warmer, something in that vein.

because they imagined that the future is always wonderful,
that's the way it is, but not entirely what they imagined,
they knew that the world is not enough,
they knew that the moon in the sky won't stop shining.

it's that way, only now water is separating them.
you didn't need to lose weight, you were already thin.

5

дай їм трохи місця на цій підлозі,
дай їм товариства у цій дорозі,
бо так чи інакше вони поєднаються в бозі,
бо бозя їх любить, цілуй його нозі.

цілуй мої нозі, казав їй, цілуй моє тіло,
я буду тебе кохати, казав, щоб ти тремтіла,
ця підлога, провадив, не може лежати без діла,
синці нехай зафарбовують лікті й коліна.

ні ти не можеш померти, казав, ти житимеш вічно,
ти лежатимеш на цій підлозі, заляпана ніччю,
заляпана білою спекою місяця за вікном.
тільки тіло її заклякало перед повільним сном.

заснути це легко, я засинаю щоночі,
пісочок потрапив в очі.

6

вони житимуть вічно, їх прославляють ікони,
на цих іконах вони будуть голими, диптих для двох половин,
масони та прості смертні битимуть їм поклони,
люди не питатимуть, хто вони, люди схилятимуть голови.

бо вони мають щось таке, чого прагнуть мільйони,
вони мають щось таке, з чого складають канони,
вони мають щось таке, за що на смерть ідуть леґіони,
вони мають щось таке, що не знали сенеки й платони,

їхні голови прикрашають лаврові корони,
їхнє золото охороняють крилаті грифони,
їхні канцони виспівують під бубони й дзвони,
його священні гандони, її священні страпони.

вони святі свого власного культу, вони священні корови,
в калюжі своєї спільної крови.

5

give them a little space on this floor,
give them a little companionship along this road,
because either way they will join in god,
because god loves them, kiss his feet.

kiss my feet, he said to her, kiss all of me,
I will love you, he said, so that you tremble,
this floor, he continued, can't lie there without incident,
let bruises paint elbows and knees.

no, you can't die, he said, you'll live forever,
you'll lie on this floor, splashed with night,
splashed by the white heat of the moon in the window.
only her body frightened before deep sleep.

falling asleep is easy, I fall asleep every night
sand in my eyes.

6

they will live forever, icons glorify them,
on these icons they would be naked, diptych for two halves,
masons and ordinary mortals will bow to them,
people won't ask who they are, the people who bow their heads.

because they have something that millions desire,
they have something that comprises canons,
they have something that makes legions go to their deaths,
they have something that Seneca and Plato do not know.

laurel crowns decorate their heads,
the winged griffins guard their gold,
their canzones are sung to bells and tambourines,
his blessed condoms, her blessed strap-ons.

they are blessed in their own cult, they are divine cows,
in a puddle of their blood

7

якщо коротко переповісти сюжет,
вона порізала вени і звалилась на свій паркет,
він сидів у машині й не міг зайти,
хоча зрештою повторив усе, що зробила ти.

тобто вмер, ніби його й не було, не було,
ніби й її не було, не було, не було,
інспектор скрушно схиляє ментовське чоло,
тіла похололи й опустились на дно.

коханці не виживуть, це вже як ясен пень,
тільки як звично мох на корі росте,
тільки зранку настане черговий день,
життя гарне, бо воно просте.

життя вічне, оплакуйте двох пташат,
я це все вигадав ради краси вірша.

7

if I want to quickly recount the plot,
she slit her wrists and fell to the floor,
he sat in the car and couldn't come in,
though finally he repeated everything that she did.

in other words, he died, as if he didn't exist, didn't exist,
as if she didn't exist, didn't exist, didn't exist,
the detective sadly bows his police forehead,
the bodies grow cold and sink to the bottom.

the lovers won't make it, this is perfectly clear,
and moss will grow on the root anyway,
and the morning will begin a new day,
life is good, because it is simple.

life is eternal, mourn two birds,
I made all this up for the sake of the poem.

SANDY DIES (2016)

translated by *Olena Jennings*

Сенді вмирає, 2016
переклала *Олена Дженнінз*

1

сьогодні треба виїжджати з цієї квартири на пагорбі,

198 Allston Street #12A
Boston, MA 02135

найвищий поверх, третій. виїхати треба до одинадцятої години, але я затримуюся, я не можу запакувати своїх речей, кілька сорочок, якісь штани, якась білизна, кілька книжок, лептоп, розглядаюся навколо, стіни блідого кольору, лиштва біла, вікна заштворені тонкою матерією в вертикальні смужки, скляний стіл коло вікна, білі вхідні двері, навпроти короткий коридор, притоками якого є праворуч від мене вбиральня, а навпроти неї — спальня з двоспальним ліжком, застелена, темно-синьою матерією, по обидва боки ліжка стоять дерев'яні нефарбовані тумби, дерево майже неопрацьоване, два кораблика, а між ними синє море. на стінах нічого нема, тільки самі стіни. якщо піти просто, минаючи спальню й вбиральню, буде кухня, буде вікно, перед ним стіл вздовж стіни, а праворуч від нього маленька кухня, старі холодильник і плита Кенмор, це ж Нова Англія, тут все повинне називатися в такому дусі, -мор, -шир, -тон. якщо розвернетеся і будете виходити з кухні коридором, ви побачите мене, який сидить в дерев'яному фотелі з м'якими частинами яскравого червоного кольору. я сиджу голий, переді мною на чорному квадратному столі стоїть біла миска з яблучною кашею, яку я затопив кип'ятком приблизно пів години тому. я люблю яблука, а також банани, це дешеві овочі, вони ростуть, переважно, всюди, де я буваю, ці, напевно, каліфорнійські, хоч я там ще не бував. наразі я сиджу голий, я збирався піти в душ, але сиджу, планую з'їсти кашу, ще не холодна. о першій годині з Південної Станції до Нью-Йорку поїде мій автобус, на який не встигну сісти. але я ще цього не знаю, як і багатьох інших речей, які можуть трапитися зі мною в майбутньому. так чи інакше, каша повинна бути з'їдена, речі повинні бути зібрані, квартира повинна бути звільнена, віддана в турботливі руки порожнечі й відсутності. бодай до часу, як у неї повернеться Памела, її власниця.

1

I have to leave this apartment on the hill today,

198 Allston Street #12A
Boston, MA 02135

the top floor, the third. I must move out by eleven o'clock. as always, something holds me back, I can't pack my things, several shirts, various pairs of pants, some underwear, books, my laptop, I look around, the walls are a pale color, the woodwork white, the windows are covered in a thin material with vertical stripes, there is a glass table by the window, a white entry door, across from which is a short hallway, with a bathroom on my right, and across from it is a bedroom with a double bed, covered with a dark-blue bedspread, on both sides are bare wooden night stands, the wood practically unfinished, two boats with a blue sea between them. on the walls there is nothing, only the walls themselves. if you just walk past the bedroom and bathroom, there will be a kitchen, there will be a window, with a table the length of the wall in front of it, and to the right, the small kitchen, an old refrigerator and a Kenmore stove, this is New England after all, everything here must be named with the customary endings, -more, -shire, -ton, if you turn around and if you walk out of the kitchen through the hallway, you will see me, sitting on the armchair with soft patches of bright red. I am naked, in front of me on the black square table there is a white bowl with apple oatmeal, which I drowned in boiling water about a half an hour ago. I like apples, and also bananas, they are cheap fruits, they grow, usually, wherever I am, these are from California for sure, though I've never been there. anyway, I'm sitting naked, I was getting ready to shower, but I sit, I plan to eat my oatmeal, still not cold. at one o'clock my bus departs from South Station for New York, I won't make it.
but I don't know this yet, like a lot of other things, that could happen to me in the future. one way or another, my oatmeal should be swallowed, my things should be gathered, the apartment should be vacated, turned over to the caring hands of emptiness and absence, god willing,
by the time Pamela, the landlord, returns.

Памела, ймовірно, застане вже холодне тіло Сенді на двоспальному ліжку, на лівому боці, на лівому боці ліжка, бо лежить вона на правому боці тіла, обернена до вікна, я зарізав її ножем у спину, повільно впихаючи лезо між ребрами, шкіра розходилася, ніби щілина кишені, в яку сягаєш рукою по ключа, стоячи в темному коридорі перед дверима свого помешкання, м'якоть кишені, тепле місце. я був готовий, що вона прокинеться от-от, я навіть хотів, аби вона вже прокинулася, це повільне вповзання, воно так довго тривало, жодних кольорових метеликів, жодного вилітання душі з тіла, душа витікає з повільної рани у вигляді густої крові, ні, я не хотів, аби вона прокинулася, я хотів, наприклад, довідатися про її останній сон, до речі, якби вона почала прокидатися, я б спробував тримати її за мізинець руки, мені так мама розповідала в дитинстві, що, коли людина спить, можна потримати її за мізинець і вона розповість тобі все, про що запитаєш. але чому? я ніколи не питав себе чому, ні себе, ні когось, хто б міг знати, та хто б міг, ми з братом Віктором намагалися проробити цей фокус з Агафією, нашою бабою, ми спали тоді всі в одній кімнаті, ми були підлітками, а вона старою жінкою, взагалі, для нас вона завжди була старою жінкою, так вже склалося, вона була старою пані, це тепер я її бачив на старих знимках, молодою, в старих сукнях, а тоді вона смарувала обличчя соняшниковою олією перед сном, аби шкіра ставала м'якою та молоділа, її подушка завжди смерділа тою олією, густою та жовтою, майже помаранчевою, як плями сечі на білому м'якому полотні, плями сечі з запахом соняшникової олії. може я згадував це, коли вводив ножа? може бути, бо дійсно, я зміг зробити це дуже повільно. але Агафія справді деколи починала щось говорити уві сні. це як вмикати і вимикати звук телевізора, уявімо, що він стоїть екраном до стіни, або накритий покривалом, зображення не бачимо, вмикаємо і вимикаємо звук, тримаємо двома чи трьома пальцями круглий реґулятор звуку, або такий повзунок, який треба совати праворуч і ліворуч, крутимо і соваємо, таким чином нічна передача триває, а ми чуємо тільки уривки, з яких можемо складати собі приблизний перебіг подій. гірше було з моїм братом, його за мізинець часто брав місяць з вікна, згодом, ми почали зашторювати вікна дуже щільно, дуже цупкою матерією,

Pamela will probably find Sandy's cold body on the double bed, on the left side, on the left side of the bed, because she lies on the right side of her body, turned towards the window, I stabbed her in the back with a knife, slowly thrusting the blade between her ribs, her skin separating, like the opening of a pocket that you reach into for a key, while standing in the dark hallway in front of the door to your apartment, in the softness of a pocket, a warm place. I was ready for her to wake up at any moment, I even wanted her to wake up, this slowly growing desire lasted for such a long time, without butterflies in my stomach, without any soul flying out of her body, her soul slowly flowing from the wound, like thick blood, no, I didn't want her to wake, I wanted, instead, to find out about her last dream, furthermore, if she started to wake up, I would try to hold her by her pinkies, my mother told me this in my childhood, that if you hold a sleeping person by their pinkies, they will answer any question that you ask, but why? I never asked myself why, not myself, not anyone else, but who could know, my brother Viktor and I tried this trick out on Agatha, our grandmother, we slept then in the same room, we were teenagers, and she was an old woman, in general, she had always been an old woman to us, so she was an old lady, but I saw her then in old photos, young, in old dresses, and then she smeared her face with sunflower oil before bed, so that her skin would be soft and younger looking, her pillow always smelled of that oil, thick and yellow, almost orange, like spots of urine on the soft white linen, spots of urine with the scent of sunflower oil. maybe I was remembering this when I plunged the knife in. it's possible, because really, I did it very slowly. And Agatha would start talking in her sleep. it was like turning the sound of a television on and off, imagine, that its screen is facing the wall, or is covered with a blanket, you can't see the image, you turn the sound on and off, you hold the round volume button with two or three fingers, or that slider control that you have to push left or right, you turn it and slide it, that way the night's programming continues, and you hear only parts, with which you can put together the approximate course of events. it was worse with my brother, the moon outside his window often grabbed him by the pinkies, eventually we started to cover the windows tightly, with a very thick fabric,

одного разу він встав серед ночі, ми з ним спали в одному ліжку, він встав серед ночі,
Агафія запитала його:

— Вітя, куди ти зібрався? — чому, до речі, вона не спала тоді, — куди ти зібрався?

він повільно пройшов половину кімнати, від ліжка, яке стояло при вікні і було освітлене місяцем, з мережкою тіні трьох сосон, що поволі гойдалися, вікон відвічні вартівниці, тоді він зупинився, вона знов назвала його ім'я сонливим і здивованим голосом:

— Вітя?..

тоді він пройшов до дверей і я почув, як він поклав руку на клямку, стелі високі, тому звуки в тій кімнаті завжди звучали дуже гарно, він поклав руку на клямку і сказав:

— я йду по лопату,
я візьму лопату і ляжу коло брата.

— Вітя, нашо тобі лопата, — вона запитала. він задумався.

тобто він стояв якийсь час нерухомо з рукою на клямці, жодних звуків не було чутно. я б думав, що він заснув, але ж він і без того спав.

— йди лягай спати, Вітя, — вона спокійно сказала. за деяку, не довгу і не дуже коротку, хвилю, він забрав руку з клямки й мовчки повернувся до ліжка, накрився покривалом, у нас, здається, вони були окремі, і продовжив спати. але ж він спав і коли йшов по лопату.

сни. не все так просто.
не все так просто в якійсь там ночі.
кажуть, що день смерті такий самий,
як всі інші,
тільки коротший.

one time he stood up in the middle of the night, we slept together in one bed, he stood up in the middle of the night, Agatha asked him:

"Viktor, where are you going?" (by the way, why wasn't she asleep at that time?) "where are you going?"

he slowly walked halfway across the room, from the bed, which was next to the window lit by the moon, covered with a net formed by the shadows of three pines, slowly rocking, the windows were age old guardians, then he stopped, she said his name sleepily in a surprised voice again:

 "Vitia?"

then he continued to the door and I heard him put his hand on the door's lock, the ceiling was high, so that sounds in the room were very clear, he put his hand on the lock and said:

"I'm going to get a shovel,
I'll get a shovel and lie down next to my brother."

 "Vitia, why do you need a shovel?" she asked. he became lost in thought.

so he stood still for some time with his hand on the lock, no sound was heard. I thought he had fallen asleep, but he was already asleep.

"go to bed, Vitia," she said calmly. after some time, not a long time or very short time, he removed his hand from the lock and silently turned back towards the bed, he pulled the covers over himself, I think we had separate ones, and he continued sleepwalking. he was also sleepwalking when he went for the shovel.

dreams. not so simple.
nothing is so simple at some particular time of night.
they say that the day of your death is the same
as all others,
but shorter.

і Сенді — навіть не прокинулася, їй мало б снитися синє
тепле море, як вона лежить на воді, й поволі занурюється,
бо кров заливала її спину, її нічна сорочка зафарбована
тепер у хвилі моря, море вже охололе та більше не тече,
тобто не гойдається, бо море, це не ріка. були часи, коли нас
розділяли навіть не моря, а цілі океани, туга — тиха
пісенька, яку співаєш тільки на відстані, і що більша
відстань, то твоя тихіша пісенька, тоненький струмок твого
смутку, тоді спогади стають прозорі, розгортаєш свою
пам'ять, як голівку цибулі,
з черговим листком лушпиння ти більше хочеш плакати,
тобто навіть не хочеш, але там такий сік, який просто
порскає в твої очі, ти не можеш не плакати, спогади, як сік
цибулі, він на пальцях, він на твоїх руках, а ти
завжди торкаєш свого обличчя руками,

торкаєш пальцями повік,
очі, вони печуть тебе тоді,
ти плачеш.

головний закон нашого з тобою життя —
причинно-наслідковий, як у Шевченка.
скидаєш лушпиння, а тоді плачеш,
ніколи не навпаки,
встромляєш ножа, а тоді помираєш.
таке наше з тобою життя,
тепер воно трохи зайшло в глухий кут,
бо ти лежиш мертва і бездиханна,
а я сиджу голий і затягую вступ оповіді.

просто моя голова постійно ґенерує якусь нескінченну
кількість образів, можливо, десь є дірка в моїй пам'яті,
я несу коробку зі старими фотоґрафіями,
шов на дні картонної коробки розійшовся
і звідти випадають по одній, по дві, зігнуті слайди,
чорно-білі та кольорові знятки,
якби хтось хотів мене вистежити,
то міг би піти за мною по цьому сліду.

and Sandy didn't wake up, she should have been dreaming about
the warm blue sea, about lying in the water and slowly going
under, because blood had poured over her back, her nightgown
was painted by the waves of the sea, the sea had already cooled
down and didn't flow anymore, in other words it didn't ebb,
because the sea wasn't a river. there were times when it was not
just seas that separated us, but entire oceans, sadness is a quiet
song, sung only at a distance, and the greater the distance the
fainter your song, a thin stream of your sadness, then memories
become transparent, you peel away memories, like an onion,
with each layer of skin you want to cry more, you really don't
want to, but there is some kind of juice that gets into your eyes,
so that you can't help crying, memories are like the juice of the
onion, it gets on your fingers, it gets on your hands, and you
always touch your face with your hands,

touch your eyelids with your fingers,
then your eyes burn
and you cry.

the main guiding principles of our life together
are cause and effect, like in Shevchenko.
you tear off the skin, and then you cry,
never in reverse,
you push in the knife, and then you die.
this was our life together,
now we've hit a wall here,
because you are dead and not breathing,
and I am sitting naked starting the introduction to a story.

my brain just naturally generates an endless
supply of images, it's possible there are gaps in my memory,
I carry a box with old photographs,
so that its bottom breaks apart
and one, or two slides fall out at a time, bent slides,
black and white and colored photos,
then if someone wanted to hunt me down,
they could track me down by these clues.

якщо мене вистежать і впіймають,
я муситиму сказати, що тіло саме всмоктало ножа.
що я не винен в твоїй смерті, Сенді,
це ж не було моєю метою,
якби ти була жива, ти б мене підтримала,
ти б сказала їм, що хочу для тебе тільки найкращого,
що мене можна звинувачувати в різних речах,
деякі з них навіть дуже неприємні,
але просто існують у нашому житті речі,
побічним ефектом яких є припинення існування,
тобто смерть.

я від баби втік,
я від діда втік.
і від тебе втечу,
о, ніж у спині.

ти ще дитина, ти підліток, принаймні ти так виглядаєш, можна сказати, твоє волосся пряме, або хвилясте, твій опис загалом може мати декілька версій, але твоє тіло струнке, все на ньому потрібного розміру, підходящого, твоє тіло добре допасоване саме до себе, твій ніс на обличчі в потрібному місці, твої плечі правильної довжини і кута нахилу, ти достатньо худа, щоб не хотіти товстіти й худнути, зранку ти п'єш каву і найчастіше з'їдаєш незначну кількість випадкової їжі, тобто можна казати, що ти не снідаєш, можна порівняти тебе з горобчиком, але суттєво симпатичнішим за себе, або з тою кізкою, що бігла через місточок, твоє волосся тобі пасує в формі кількох зачісок, майже всіх, які ти примірялa до своєї голови, але мені найбільше подобається зібране на маківці в маленьку, або велику, кульку, це як клубок ниток на твоїй голові, такі нитки не купиш в крамниці для кравчинь, це нитки для Аріадни, не інакше, твоє волосся саме таке тонке, щоб зручно входити в вушка голок, такими нитками можна зшивати найтонші матерії, все буде дихати, твоє тіло вкривають найтонші матерії, вони гойдаються на твоїх кістках, переважно, як паруси на маленьких вітрильниках, вітрильники стоять у портах, вітрильники гойдаються далеко один від одного
у відкритих водах серед ясного дня, берега не видно,

if they track me down and arrest me,
I will have to say that the body sucked in the knife.
that I am not guilty of your death, Sandy,
it wasn't my intention,
if you were alive you would support me,
you would say that I only wanted the best for you,
that I could be found guilty of many things,
some of which are really awful,
but there are just some things
that have an unintentional side effect resulting in the end
of an existence, in other words, death.

I ran away from my grandmother,
I ran away from my grandfather.
I will run away from you too,
oh, the knife in your back.

you are still a child, a teenager, at least you look like one, your hair is straight or wavy, your overall description can vary, but your body is slender, everything on it is the right size, suitable, everything you are wearing fits you perfectly, it suits you, your body suits you well, your nose is in the right place on your face, your shoulders are the correct width and are perfectly aligned, you are thin enough not to desire to gain or lose weight, in the morning you drink coffee and most of the time eat a small amount of random food, so you can say that you don't really eat breakfast, you can be compared to a sparrow, who in essence is prettier than sparrows, or to that goat that ran across the bridge, your hair works in a number of styles, almost all that you have tried out, but I like it best when it is gathered on the top of your head in a large or small bun, it is like a ball of thread on your head that you can't buy in a sewing supply store, your hair is thin enough that you could easily thread it through the eye of a needle, the threads only capable of sewing through the thinnest fabrics, which would breathe, your body covered with the thinnest fabrics, would flutter on your bones, usually,
like the sails on small boats,
the sailboats docked.
the sailboats rock far from one another
in the open waters on a clear day, the shore not visible,

вітрильники гойдаються так, що потреба в розпізнаванні доби і часу не є дуже великою необхідністю, твої кісточки зігріті сонцем, шкіра твого тіла гарно натягнута і приймає світло, рівномірно чорніючи. твій голос, може видатися, звучить трохи нижче, аніж плануєш почути, але за кілька речень, переважно коротких і простих за будовою, бо так ти говориш, відразу твій голос починає пасувати твоєму роту і твоєму вигляду загалом, твій голос пасує твоєму одягу, міміці та ході, ти ходиш легко, в твоїй ході є щось нестерпне, бо це притягує мою увагу і не відпускає, тобто щось є гіпнотичне, може ти змія? може ти Єва? може ти яблуко? скорше всього, ні те, ні інше, бо ти є собою, а тому ти не є нічим іншим, принаймні все, що ти робиш, виглядає таким, ніби дійсно тобі пасує, тобто ти вписуєшся в пейзаж свого життя доволі вдало. як ти могла так невчасно заснути, лежачи на правому боці, вся кров у твоєму тілі стекла би поближче до ліжка, зайняла б належні їй порожнини згідно сили земного тяжіння, а тепер я випустив її на волю, як маленьких кріликів вперше з клітки, вони розбіглися подвір'ям, але, не знаючи, що далі і що з цим робити, зрештою позасинали неподалік, хоч до клітки вже ніхто не повернувся. я намагався руками зібрати їх і загнати зворотно до твого тіла, нічого не вдалося, я тільки наробив шкоди. ти завжди вміла випрати червоні плями, а я навіть не намагався, бо завжди знав, що це неможливо.

the sailboats sway so that there is no great need to know the day and time, your bones warmed by the sun, your skin tightly stretched out in the sunlight, evenly tanning. your voice, it seems, sounds a little lower than I expected, but after a few sentences, usually of short and simple construction, because that's how you speak, it immediately begins to suit your mouth and appearance in general, your voice suits your clothes, your gestures and your way of walking, you walk softly, in your walk there is something disturbing because it captures my attention and holds it, in other words. there is something hypnotic about it, maybe you are the serpent? maybe you are Eve? maybe you are the apple? most likely you are none of those things, because you are yourself, and so you can't be anything else, at least everything that you do seems to suit you, so that you fit into the landscape of your life quite naturally. how could you fall asleep just like that at such an untimely moment, lying on your right side, so that all your blood would flow closer to the bed, occupying the empty spaces according to the forces of gravity, which now I have set free, like bunnies from a cage for the first time, they ran around the yard, but, not knowing what to do next, they finally fell asleep not far away, even though none of them returned to the cage. I tried to gather them with my hands and herd them back into your body, nothing worked, I only made things worse. you always knew how to wash away red stains and I didn't even try, because I always knew that it was impossible.

2

знання про те, що Бог не існує, далося мені дуже непросто. а як інакше, я ніколи не міг подумати, що він не існує. він, воно, вона, вони, нема кого/чого і так далі. з самого дитинства ти знаєш, що існує, що святий Миколай існує, що інші основні персонажі. я завжди знав, що існує також і

Кручений.

він жив у вентиляції на кухні, на вулиці Касарняній у Львові, де я виріс, на мансардному поверсі ми мали кухню без вікон, вхід в яку був під самим дахом старого польського будинку, третій поверх, кручені сходи, третій поверх впирався в темряву, в яку часом було дуже страшно входити, низька стеля, просто над головою, праворуч були двері на кухню, попереду, вся обляпана тьмою, стояла стара швабра, чи прутяний віник, чи одне і друге, ліворуч також були двері, замкнені на доісторичний накидний замок, ключ від якого був тільки у діда Стефця. тобто ключ висів насправді просто на дверній рамі, на кухні, на сірому, колись білому, шнурку, він висів доступний всім, але я знав, що то Стефцьовий ключ. і його торкатися було страшно.

якось я спробував. лівою рукою я затиснув ключа, щоб не було чути, як він дзеленькне, правою рукою я обережно зняв його з цвяха, вбитого в лиштву, я нервово наслухав чи не йде хто сходами вгору, чи батьки далі сидять в кімнаті поруч і дивляться телевізор, я взяв ключа, весь спітнілий від хвилювання і вислизнув у темряву, я спазматично почав колупатися в замку, нічого не вдавалося, бляха!, нічого не вдається! замок такий старий і незвичний, він тільки дивно калатає і ніфіга не відкривається! раптом я почув, що знизу хтось виходить в коридор, я впустив ключа на підлогу й залетів назад на кухню! я сів на табуретку, і ці надцять секунд були дуже довгими. шо робити, може ніхто не йде і треба негайно виходити в коридор і шукати ключа, поки не пізно?? а якщо йде? а якщо Стефко йде і йому треба ключа?? це ж кінець! і через деякий час зайшла Агафія.

2

the knowledge that God doesn't exist didn't come easily. and how could it have been otherwise, I never considered that he didn't exist. he, it, she, they, not anyone/anything and so on. from early childhood you believe that he exists, that Santa Claus exists, and other important characters. I always knew that

Mr. Winding exists.

he lived in the vents in the kitchen, on Kasarniy Street in Lviv, where I grew up, on the attic level we had a kitchen without windows, its entrance was under the roof of the old Polish building, third floor, with a spiral staircase, the third floor was enclosed in darkness, which sometimes made it scary to enter, the ceiling was low, right above your head, on the right there was a door to the kitchen, straight ahead, totally covered in darkness, was an old mop, or a twisted broom, or one or the other, on the left there was also a door, secured with an additional prehistoric padlock, grandpa Steve was the only one who had the key. that meant that the key really hung on the door frame in the kitchen, on a gray, at some point white, shoelace, it hung available to everyone, but I knew that key belonged to Steve. and touching it was frightening.

somehow I tried. with my left hand I grasped the key, so that I couldn't hear the way it rang, with my right hand I carefully took it off the nail, hammered into the door frame, I nervously listened to see if he was walking up the stairs, if my parents were still sitting in the next room watching television, I took the key, sweating with nervousness and slipped into the dark, I began to reach for the lock in spasms, but nothing was working, shit! nothing was working! the lock was so old and unusual, it only strangely ratttled and didn't open! suddenly I heard that downstairs someone walked into the the hallway, I dropped the key on the floor and rushed back to the kitchen. I sat on the stool, and the seconds were so long. what should I do, maybe no one was coming and I should rush into the hallway and look for the key, before it was too late?? and if someone was coming? and if Steve was coming??
and after some time Agatha came in.

вона запитала, чого я тут сиджу. звісно ж я сказав:

просто.

вона пішла далі в кімнату,
а я дивився на цвяшок,
порожній цвяшок без ключа.

я підловив момент
і миттю проникнув у коридор,
в темряві я впав на коліна
і почав шаргати руками по підлозі, шукаючи ключа,

де ж він, деее, ось!

я залетів на кухню і повішав його на місце і,
не зупиняючись, пішов в ванну,
щоб ніхто не зауважив,
що мої руки всі заляпані пітьмою і зрадливою пилюкою.

she asked why I was sitting here. of course I said:

just sitting.

she went further into the room,
and I looked at the nail,
the bare nail without a key.

I took hold of the moment
and for a second disappeared into the hallway,
in the darkness I fell onto my knees
and started to run my hands over the floor, looking for the key,

where was it, where, there!

I rushed into the kitchen and hung it in place, and
without stopping, went into the bathroom,
so that no one would notice
that my hands were covered in darkness and revealing dust.

3

але за тими дверима було горище, за тими дверима була найстрашніша частина цього будинку. саме там, стара Агафія казала, живе Кручений, який викрадає малих нечемних дітей, його голос був чутний на кухні через вентиляцію, через, може, тридцять сантиметрів завширшки трубу, яка на сантиметрів десять, п'ятнадцять, виступала зі стелі вниз над кухонною шафою, їх розділяли може яких десять сантиметрів кухонного повітря, достатньо для того, аби могти заглянути в чорноту округлої форми, звідки часами лунало тужливе і зловіще виття. «от чуєш, Саша, то кручений за тобою завиває, будеш нечемний, то забере тебе».

Кручений жив у трубі, часами я чув як він завиває і страх проймав моє мале нечемне тіло. я боявся підніматися сходами нагору, світла найчастіше не було нагорі перед дверима, треба було вкручувати лампу в патрон над головою ліворуч від сходів, він потріскував хвильку і займалося жовте світло за склом лампочки, найчастіше лампа перегорала від такого потріскування і в тому місці ставало темно, часами на цілі місяці, я піднімався сходами, тримаючи старі помальовані в бордовий чи коричневий колір перила, чи то вони мене підтримували, праворуч стіна, яка так само стрімко йшла вгору із зависокими сходинками, стіна, до половини зелена, пізніше синя, і до половини біла, кольори зустрічалися під червоною смужкою, яка поєднувала і разом з тим розділяла ці кольори десь на рівні мого плеча, сходи йшли стрімко вгору, на них було денне світло від прочинених дверей балкону, навпроти першої сходини другого поверху, і крутий скрут вліво, дорослі пригинали голови і входили в темряву, темряву двох дверей і одної стіни, швабри та прутяного віника, а ще металевого відра без дна, праворуч живемо ми, ліворуч — живе Кручений. ніколи я його не побачив. хоча. ті мої дивні сни, коли ніби якісь подушки накочуються на мене одна за другою, обростають собою, як снігова куля, коли в горах вигукнути ім'я того, хто попереду або відстав, подушки летіли на мене у вічному наближенні, ночами я не міг заснути вибігав зі спальні на другому поверсі,

behind that door was the attic, behind the door was the oldest part of this building. old Agatha told me Mr. Winding lived there. he kidnapped naughty little children, his voice could be heard through the kitchen vents, maybe through the wide pipe, which, for ten or fifteen centimeters protruded from the ceiling above the kitchen cabinet, they were separated by maybe ten centimeters of kitchen air, there was enough space for us to look at the black round form from which a sad and sinister howling sometimes echoed, "listen, Sasha, Mr. Winding is howling after you, if you're naughty, he will kidnap you."

Mr. Winding lived in the pipes, sometimes I heard him howl and fear seized my small mischievous body. I was afraid of walking up the steps, there was usually no light in front of the door, you had to screw the lightbulb into the socket above your head left of the stairs, it would crackle for a moment and then pour yellow light through the lightbulb, most of the time the lightbulb would burn out from the cracking and the area would become dark, sometimes for entire months, I walked up the stairs, holding on to the old railings painted in a wine or brown color, did they support me, on the right was a wall, which also went severely upwards next to the overly steep stairs, the walls were half green, later blue, and half white, the colors converged at a red stripe that both united and separated them somewhere at the level of my shoulders, the stairs were severely steep, day light illuminated them through the open doors of the balcony, which were across from the first stair on the second floor, then there was a winding turn to the left, the adults were forced to bend their heads and walk into the darkness, the darkness of two doors and one wall, mops and a twisted broom, and also a metal bucket without a bottom, we lived to the right and to the left lived Mr. Winding. I never saw him. but maybe I did. in those strange dreams of mine, when it's as if some pillows tumble onto me, one after another, engulfing me like a snowball, when I cry out his name in the mountains, who was in front or who was behind, the pillows flew at me, constantly getting closer, at night I couldn't sleep and ran out of my room on the second floor,

пробігав через спальню діда Стефця і біг нагору, бо після кухні була спальня моїх батьків, відділена дверима, які ніколи не закривалися, на рамі яких висів Стефцьовий ключ від горища. я біг нагору і кричав до мами, щоб рятувала мене, татові ніколи не було до того діла, вона мені казала молитися, читати «Отче наш» разом з нею, вона сама не дуже знала слів, але ми читали двома голосами, «отче наш, єже єси на небеси, най святиться ім'я твоє, яко на небі так і на земли…», тоді вона робила якісь чари і проказувала якісь слова, робила руками рухи, ніби відганяла від моєї голови маленькі мушки, від лівого вуха, від правого вуха, над головою і від обличчя. вона казала «тепер ти заснеш» і я вірив, теж мені відьма-шаманка, бо в мене не було іншого виходу. як тут не повірити в Бога.

пізніше, я кілька разів нібито звертався до Бога, самотужки, коли мені снилися жахи, я навіть мав заплакані очі, я складав руки і відгортав штору, я дивився між гілки дерев десь на небо і тремтливим тихеньким голосом, або навіть шепотінням, читав «Отче наш» і завжди страх минав, амінь.

тепер я знаю, що Бога нема, тепер мені й жахи більше не сняться, невермор. чи є?

ran through Grandpa Steve's room and ran upstairs, because past the kitchen was my parents' room, separated by a door that was never closed, on its frame hung Steve's key to the attic. I ran upstairs and yelled for my mother to save me, my father never took part in this, she told me to say a prayer, to read "Our Father" with her, she didn't really know the words well herself, but we read together, "Our father, who art in heaven, hallowed be thy name, thy kingdom come, thy will be done, on earth as it is in heaven..." then she chanted some spells and said some words, made some gesture with her hands, as if she was chasing small flies from my head, from my left ear, from my right ear, from above my head and from my face. she said, "now you'll fall asleep," and I believed that I didn't have any other choice. how could I not believe in God.

later, I turned to God on my own, when I had nightmares and I even wept, I put my hands together and raised the window shade, I sometimes looked between the branches of trees into the sky and in a trembling quiet voice, or even whisper, read "Our Father" and like always the fear disappeared, amen.

now I know that God doesn't exist, now I don't have nightmares anymore, nevermore. Or does he?

4

вчора читав вступну статтю, Богдана Рубчака до
книжки «Остап Луцький — молодомузівець».

він починає писати її з думок про Едґара Аллана По
та його літературознавчих статей
«Поетичний принцип» та «Філософія композиції».

В есеї «Філософія композиції», наприклад,
По твердить, що смерть прекрасної жінки є,
безумовно, «найпоетичніша» в світі тема…

Тут треба пам'ятати,
що якою звиродніло тема твору не була б —
вона тільки служить чисто літературним темам —
«поетичному» ефектові твору».

раптом я перестав думати і згадувати.
в двері хтось постукав.

4

so, just yesterday I was reading the introduction that Bohdan
Rubchak wrote to the book, "Ostap Lutskyi: Young Muse,"

he started writing about his views on Edgar Allen Poe
and his literary criticism in
"Poetic Principles" and the "The Philosophy of Composition"

in the essay "The Philosophy of Composition," for example,
Poe asserts that the death of a beautiful woman
is without a doubt, "the most poetic" theme in the world…

here we should remember,
that however generally applicable the theme is,
it is only a literary theme of
a "poetic creation."

suddenly I stopped thinking and remembering.
someone was knocking at the door.

5

ну шо, версії, хто постукав до дверей?

постукала сусідка Памели, Ребека, або просто Бека. я підійшов до дверей і відчинив їх, повернувши один раз замок і скинувши ланцюжок, внизу на дверях прибита пластикова смужка, яка жахливо скрипить, якщо відчиняти двері, смужка б мала захищати від протягу, але тільки зловісно шарудить, коли дме з відкритого вікна в коридорі, цього разу смужка заскрипіла також. переді мною стояла пані років сімдесяти і приязно посміхалася, вона виглядала як всі приязні сусідки прямо по коридору, прямо перед собою на рівні грудей обидвома руками вона тримала щойно спечений яблучний пляцок, він випаровував свій смачний запах, Бека сказала:

— я прийшла побачити, як ви вбили свою Сенді, чи можна зазирнути до спальні, хоч би одним оком? Памела казала, що мені можна зайти.

вона дуже мило всміхалася, пляцок пахнув дуже спокусливо, я не міг їй відмовити поглянути навіть двома очима. потім ми втрьох їли пляцок і всміхалися одне одному. ні.

я відчиняю двері, на порозі стоїть пан, йому років сорок, в дешевому сірому костюмі і з широким галстуком, колір яскравий, не важливо, який саме, коли побачив мене, він нещиро і дуже широко всміхнувся і завченим безтурботним голосом почав тарабанити свій текст:

— доброго дня, пане, я представляю міжнародну віконну компанію, ми виявили, що в вашій квартирі немає вікон! я маю неймовірну пропозицію з вибивання дір в стінах і встановлення чудових шумо- та світлопоглинальних вікон! вони виглядають цілковито як ваші стіни, коли ви на них дивитеся, ви не відчуваєте ніякої різниці, ось подивіться на наші зразки і переконайтеся самі! — я просто зачинив двері перед його носом, не бажаючи цього слухати. ні.

3

different versions of who is knocking at the door.

Pamela's neighbor knocks, Rebecca, or just Becca. I go to the door and open it, turn the lock one time and remove the chain, at the bottom of the door there is a strip of plastic that makes a terrible scraping sound when you open the door, the strip is supposed to prevent drafts, but it only clatters ominously when the wind blows from the open window in the hallway, this time the strip scrapes also, before me stands a woman about 70 years old and smiles warmly, she looks like all the friendly neighbors down the hall, out in front of her, at the level of her breast, she holds a freshly baked apple pie with both hands, it releases its beguiling scent, she says:

"I came to see how you killed your Sandy, can I glance into the bedroom, just take a quick peek? Pamela said that I could go in."

she smiles at me very warmly, the pie smells very tempting, I can't help myself from letting her look even longer. then the three of us eat pie and laugh together. no.

I open the door, a man stands there, he is about forty, in a cheap gray suit with a wide tie, in bright colors, it doesn't matter what colors when he sees me, he smiles insincerely and forces a wide smile and in a practiced and calm voice he starts his spiel:

"good day, sir, I represent an international window company, we noticed, that you don't have windows in your apartment! I have an amazing offer for cutting holes in the walls and installing wonderful noise and light blocking windows! they will look totally like your walls, when you look at them, you won't notice any difference, here look at our samples and convince yourself – I just slam the door in his face, not wanting to listen. no.

раптово я почув, як хтось постукав у двері. я повільно підійшов і запитав:

— хто, там.

я почекав деякий час. я прислухався, я намагався почути відповідь, здається, ніхто не відповідав, я запитав «хто там» ще раз, я повернув голову правим вухом до дверей, щоб спробувати почути відповідь, бо зазвичай після стуку в двері й запитання «хто там» є відповідь, хто. але я знову не почув нічого, схожого на відповідь. тоді я підняв праву руку, я подивився на двері і постукав сам, і я прислухався знову. з вікна праворуч на двері падало приглушене косе світло. після деякого очікування я почув стук у відповідь. я здивувався і вигукнув знову своє запитання. чому я просто не відчиняв двері, якби я не питав, хто там, я б не вагався і відчинив би вже давно, але багато речей стається випадково, випадково перевіряють нутрощі чемоданів на контролі перед літаком, випадково обмацують людей, незалежно від їхньої статі, кондуктори випадково перевіряють квитки в трамваях і випадково ловлять зайців, я одного разу кажу добридень, іншого як справи, іноді просто відчиняю двері, деколи, як от тепер, я питаю, хто там.

відповіді не було. я почав дратуватися, або хвилюватися. я вирішив відчинити двері і все дізнатися, повернув ручку замка, скинув ланцюжок, почув скрипіння пластикової смужки, набитої знизу на двері, щоб не було протягу, двері відчинилися. переді мною стояла Сенді. тобто, не зовсім так. я стояв за нею, або вона стояла спиною до дверей і до мене, і до всієї квартири. і до коридору, і до скляного стола, і до світла з вікна і до фотеля, і до яблучної каші в мисці, і до кухні з усіма її причандалами, і до себе самої, яка лежала в спальні на ліжку, обернена до вікна, в калюжі власної крові. я відчув запах її шкіри, який занесло мені в носа протягом. вона стояла непорушно, спокійно. я бачив її темне хвилясте волосся, бачив її плечі, накриті одягом, її руки були вільно опущені вздовж тіла,
в лівій руці вона тримала ножа.

suddenly I hear someone knocking on the door. I slowly approach it and ask:

"who's there?"

I wait for some time. I listen, try to hear an answer, it seems, no one answers, I ask "who's there?" one more time, I turn my head and place my right ear to the door, so that I can try to hear an answer, because usually after a knock at the door and the question "who's there?" there is the answer as to whom but again I don't hear anything that is like an answer. then I raise my right hand, look at the door, knock on it myself and listen again. from the window on the right, a faint crooked light falls onto the door. after a short while I hear a knock in reply. I am surprised and ask the question again. why didn't I just open the door, if I hadn't asked, who's there, I would not have hesitated and would have opened the door a long time ago but a lot of things happen randomly, suitcases are checked randomly by airport security, they randomly search people, not according to their gender, conductors randomly check tickets on trams, one time I say good day, another how are you, sometimes I just open the door, sometimes, like now, I ask, who's there.

there is no answer. I start to get annoyed and worried. I decide to open the door and find out, turn the lock, remove the chain, listen to the scrape of the plastic strip, which was attached to the door so there wouldn't be a draft. the door opens. Sandy stands in front of me. but that's not exactly right, I stand behind her, or rather she stands with her back to the door and to me, and to the whole apartment. and to the hallway, and to the glass table, and to the light from the window, and to the couch, and to the apple oatmeal in the bowl, and to the kitchen with all its contents, and to herself, lying on the bed in the bedroom, turned towards the window, in a puddle of her own blood. I can smell her skin, the scent reaches my nose with the draft. she stands unmoving, calm. I see her dark wavy hair, I see her clothed shoulders, her arms hanging freely at her sides,
in her left hand she holds a knife.

великого ножа. я завмер там, де стояв, я повільно розглядав її постать, просто я не розумів, що відбувається. вона ж лежить в спальні на ліжку. я розвернувся, відпустив двері й побіг в спальню, це може яких сім кроків, я зазирнув крізь відчинені двері, протяг колихав штори, Сенді лежала на ліжку без ознак життя, ліжко було так само червоне навколо неї. я розвернув голову ліворуч і спантеличено кинув погляд на вхідні двері, там стояла Сенді спиною до мене, все сходилося, це вона стоїть спиною, але ж і вона лежить на ліжку. напевно я спітнів, бо відчув, що руки змокріли, а на щоки щось крапнуло, також я припустив, що почав плакати, але не перевіряв жодної з цих версій, мені стало зовсім байдуже, що може відбуватися з моїм тілом тепер. я розвернувся і пішов до відкритих вхідних дверей, тримаючись за стіни, за спинки крісел, ніби хитало кораблем, чи вагоном потяга, хоча вагон потяга хитається занадто швидко через малу амплітуду, не доходячи до Сенді двох кроків, я зупинився, праву руку я тримав на спинці крісла, ліву я тримав перед собою, ніби йшов у темряві, раптово я просто загарчав шаленим голосом:

— «ХТО ТААААААААМ!!!».

але ж я цілковито впізнавав цю фігуру в дверях, повернуту до мене спиною, моє питання не мало сенсу, або мало, може я просто не вірив сам собі, і нема нічого дивного, хто б повірив, моє тіло стало знаком питання. тоді моє тіло видало страшне протяжне ревіння, мій мозок дав таку безглузду розпачливу команду голосовим зв'язкам і горлянці, я почав наближатися до Сенді. я повільно вийшов за поріг і обійшов її так, щоб побачити її обличчя. воно було спокійне, очі були заплющені, м'язи розслаблені, вона перебувала в спокої. я запитав:

— Сенді?

тобто інтонація була запитальною, але ж я просто назвав її ім'я. Сенді розплющила очі і просто сказала:

a large knife. I freeze in place, I slowly look at her figure, I just don't understand what is happening. she is lying on the bed in the bedroom afterall. I turn around, let go of the door and run into the bedroom, it is about seven feet away, I look into the open door, the breeze moves the shades, Sandy lies on the bed without any sign of life, the bed is red around her. I turn my head left and throw a puzzled glance at the entry door, where Sandy stands with her back to me, nothing makes sense, she stands there with her back to me, but she is lying on the bed. I must have been sweating because I find that my hands are wet, and something is dripping down my cheeks, and I also realize that I am crying, but I don't question any of these possibilities, it totally doesn't matter to me, what will happen to my body now. I turn around and go to the open entry door, holding myself up by the walls, the backs of chairs, as if I am on a rocky boat, or a train car, although a train car can rock very fast because of its small amplitude, two steps from Sandy, I stop, I hold onto the back of a chair with my right hand, I hold my left before me, as if walking in the dark, suddenly I let out a ferocious cry.

"Who's there?!"

but I completely recognize this figure in the doorway, with her back turned towards me, my question doesn't make sense, or maybe it does, maybe I just don't trust myself, and there isn't anything strange, who would believe it, my body becomes a question mark. then my body emits a frightened prolonged wailing, my brain sends such a crazy command of desperation to my vocal cords and throat, I start to approach Sandy, I slowly step out into the hallway and walk around so that I can see her face. it is calm, her eyes are closed, her muscles relaxed, she is calm. I ask:

"Sandy?"

with intonation that is normal for a question, but I really just state her name. Sandy opens her eyes and just says:

— отако?

"like this?"

до того, поки обходив її, я вже був спокійний і навіть радий, що вона жива, але за одну коротку секунду, секунда ще ніколи не тривала так коротко, я закипів, росіяни кажуть «вийшов з себе», от я випав з себе, на всій швидкості з себе я випав, я вихопив ножа з її руки і почав просто різати її з неймовірною ненавистю, просто бити ножем в довільні місця на її тілі, блядь «отако» нахуй!, ненавиджу її «отако», «о», «та», «ко», «о!», «та!», «ко!»,

«О!», блядь,

«ТА!!»,

«КО!!!!!!!», нахуй, НАХУУУУУУУУУУЙЙЙЙЙЙЙЙЙ!!!

я випав з себе, моє тіло летіло з великої висоти вниз і з мене вивільнялися всі доречні емоції, червоні пелюстки крові почали розсипатися на всі боки, тіло Сенді впало на підлогу, я продовжив без жодного контролю над своїми рухами видобувати з-під її одягу шматки м'яса і кров'яні плями, розміщуючи їх по всьому коридору, по килиму, по білих дверях, по вікну, по стінах, по найближчих сходинах, які бігли вниз і праворуч з третього поверху. чомусь ніхто не визирнув з дверей сусідніх квартир, срані бостонці!, ірландці грьобані зі своїми тонкими ротами, широкими щелепами і волоссям кольору сцяків!, ніхто не вибіг на мої крики,

коли я зупинився і віддихувався деякий час, я чомусь не почув звуків сирен надворі, жодна допомога не наближалася нізвідки.

я випустив ножа з рук, сидячи на колінах, я важко дихав, обидвома руками витер кров і піт з обличчя, бо ця суміш почала затікати на очі й пекти.

я роззирнувся.

up to the time that I walked around her, I was calm and even happy that she was alive, but in one quick second, a second that was never so fast, I become enraged, as they say "I become disembodied," I become disembodied in a flash, I grab the knife from her hand and start to stab her with an unimaginable hate, simply start to stab her abitrarily all over her body with the knife , fucking "seems so?" bitch!, I hate her "like". "l", "i", "k", "e", "t", "h", "i" "this

"like," fucking

"s!" fuck,"

"o!!!!" bitch, biiiitttchhhhh"

I am disembodied, my body flies downward from a great height and all possible emotions flow from me, red petals of blood begin to fall on all sides, Sandy's body falls to the floor, I continue without any control over my hands to dig out pieces of muscle and blood from beneath her clothes, smearing them across the whole hallway, the rug, the white doors, the windows, the walls, the nearby stairs going down and those to the right coming down from the third floor. for some reason no one looks out from the doors of the neighboring apartments, fucking bostonians! those fucking Irish with their thin mouths, no one comes out when they hear my cries,

when I stop and catch my breath for a while, for some reason I don't hear the sounds of sirens outside, no help is coming from anywhere.

I drop the knife in my hands, drop down on, I breathe hard, with both hands I wipe the blood and sweat from my face, because this mixture has started to get into my eyes and burns.

I look around.

мене оточувала звична тиша, нічого особливого. то що тепер, я маю двічі вбиту одну і ту саму людину двома різними способами? чи це карається судом в якийсь особливий подвійний спосіб, бляха?! варто відволіктися і перепочити, так би мовити, взяти себе в руки, шо вже.

описувати мою зовнішність можна також різними способами. я старий? я молодий? товстий чи худий? чи в мене всі пальці на руках? яке в мене волосся? які в мене зуби? очі вузькі? а губи? широкі плечі, чи не дуже? згорблений? я, до речі, сидів голий тоді, коли хтось постукав у двері, як ви пам'ятаєте. тіло волохате? шкіра бліда, чи темна? чи яка? чи видно член? як він? чому на кордоні не просять здавати відбиток члена? я б їм здав, які ще ознаки моєї зовнішності можна згадати? за якусь хвилю, я все ж почув, що хтось піднімається сходами, але не швидко, а навіть навпаки, дуже звично, то була Сенді, я побачив її за деякий час, коли її голова і тоді все тіло почали виростати з-під лінії підлоги праворуч і тоді дедалі більше тіла, сходина за сходиною, ліворуч, аж коли побачив її цілу. вона мене запитала:

— чого ти тут сидиш в коридорі на підлозі? заходь до хати, — але вона сказала все це спокійно, навіть не спинившись, і зайшла в відчинені двері квартири, переступивши через себе саму, яка лежала головою вже в дверях, тіло в коридорі, ліва нога звисала сходами вниз, рука висіла в повітрі над найвищою сходиною. я почув голос Агафії в хаті і запах яблучного пляцка. то що мені робити? чи я спершу зроблю вигляд, що ніяких трупів тут нема? а тоді все поприбираю? чи лишити все, як є, раз це нікого не турбує? тобто, зараз нема потреби й необхідності в описах і внутрішніх монолоґах. як в Панаса Мирного: «прибрати бруд, зробити лад у багатьох місцях. треба давати всім умитися, дітей повдягати, ліжка поперестилати, у хатах поприбирати». у хатах, тобто в кімнатах, так колись казали.

a plain silence surrounds me, nothing special. so what now, I killed the same person twice in two different ways? is it punishable by a court in some special double fucking way?! I should distract myself and rest, so to speak, to take myself in my own hands at least.

you could describe my appearance in various ways. am I old? am I young? fat or thin? do I have all my fingers? what's my hair like? my teeth? are my eyes narrow? and lips? broad shoulders, or not really? hunched over? I, by the way, sat naked then, when someone knocked on the door, as you remember. was my body hairy? was my skin pale, or dark? or what? could you see my penis? what was it like? what other aspects of my appearance can you remember? after a moment, I hear someone walking up the stairs, but not quickly, just the opposite, very deliberately, it was Sandy, I catch sight of her after a moment when her head and then whole body started to emerge from beneath the level of the floor to the right revealing more of her body, piece by piece, to the left, until I can see all of her. she asks me:

"why are you sitting on the hall floor? go inside," she says calmly, not even pausing and enters through the open door of the apartment, stepping over her body, which lies with its head inside the doorway, the body in the hallway, left leg dangling down the steps, a hand dangling in the air above the highest step. I hear Agatha's voice in the building and the scent of apple pie. what should I do? should I just pretend that there aren't any bodies here? and then later clear everything up? or leave everything here, as it is, since it's not bothering anyone? so now there isn't any necessity for descriptions of internal monologue. as Panas Myrnyi said, "to clear up dirt, to create order in many places. you need to provide everyone with the means to wash, dress their children, make their beds, clean their houses." in houses, in other words, in apartments, they used to say this.

DEATH IN BOSTON (2018)

translated by *Olena Jennings*

Смерть у Бостоні, 2018
переклала *Олена Дженнінз*

коли я помер, в Бостоні лежали глибокі сніги,
літаки перестали літати, вулиці без машин
(взагалі, це якраз було Різдво, це ж треба — змогти
так попасти, Він звідти, а я — туди).

коли я помер, в Бостоні лежали глибокі сніги,
мій готельний номер болів, як задній зуб, що зігнив
(і тримається в роті будинку тільки тому, що там,
він вважає себе потрібним іншим зубам),
я хочу сказати, що боявся визирнути у вікно,
може там в небі липке хмаровиння пливло,
може хтось лопатою від снігу відгрібав автó,
може там навіть ще кілька людей визирали з вікон,
і загалом усе виглядало звичайно, через це воно
мене і лякало. я вже тиждень не їв,
моє тіло втрачало вагу,
і всі внутрішні органи відлітали у вирій,
як зграя дибільних птахíв,
я махав їм «папá», як вмів.

зрештою, я наважився і полетів їм навздогíн,
агов, нутрощі, верніться мені в живіт,
я передумав вмирати.
викинув жовті стрічки, символ розпуки й печалі.
почав жити, пити вино, їсти хінкалі,
почав змінюватися, рости вглиб, тралі-валі,
гава нагíла, тобто хвала життю, чи як вони там співали,
і вона питає: ти розумієш, що з тобою духи почнуть розмовляти?
а я кажý: вже почáли.

і тої ночі мене кидонуло в гарячку,
я втратив голос, я був півживий, напівсплячий,
я був червоний, як вождь апачі,
який кривднику навіть не дасть здачі,
бо мій кривдник сидить глибоко в горлі,
він звідти кричить: ви всі хворі! а я здоровий!
він там сидить, і я теж туди пішов,
мене сіпали за плечі предки, а я питав — за що,
а вони хотіли, щоб я сам зрозумів, і ось я прийшов

when I died, in Boston there was heavy snow,
planes stopped flying, no cars on the streets
(actually, it was Christmas, oh we just missed each other,
because He just got here, I just got there).

when I died, in Boston there was heavy snow,
my hotel room hurt, like a rotted back tooth
(and stays in the mouth of the buiding just because there
it considers itself necessary to the other teeth),
I should say that I was afraid of looking out the window,
maybe there in the sky the sticky clouds floated,
maybe someone shoveled their car out of the snow,
maybe even there some people looked out the windows,
and in general everything looked as it usually did, this
scared me, I hadn't eaten for a week,
I lost weight,
and all my internal organs flew away
like a flock of dumb birds
I waved "goodbye" to them as I could

finally, I was brave enough to fly after them,
hey, innards, crawl back into my stomach,
I reconsidered dying. I threw away the yellow ribbons,
the symbol of break-ups and sadness.
I started to live, to drink wine, to eat khinkali,
I started to change, growing from the depths
that is to praise life, or whatever the words are and she asks:
you understand that spirits will start to talk to you?
and I say: they already started.

and that night they threw me into a fever,
and I lost my voice, I was half alive, half asleep,
I was a leader
who would not surrender to the offender,
because my offender is deep in my throat,
it yells from there: you are all sick, and I am healthy!
he sits there, and I went there too,
my ancestors grab me by the shoulder, and I asked – why
and they wanted me to understand myself, and then I arrived

туди, собі в горло, і дивлюся — там сидить отой
маленький хлопчик, злий і наляканий,
я ближче підходжу, а це ж я той хлопчик, бляха, це ж я той хлопчик!
і тоді — ми обидва зникаємо.
здуваємося, як пробите ко́лесо.
я починаю дослухатися свого голосу
і виходжу назовні.
в якійсь лавровій короні.

і ось я знаю всі імена тварин і речей,
я знаю, з якого боку мох на корі росте,
і ще тепер стало відомо те,
про що неможливо сказати,
я навіть більше не горбатий,
я напівпрозорий дядько без хати.
бо я всюди, і я ніде.
всі знають, де я, тому мене ніхто не знайде,
і я наповнений теплим повітрям, та інколи свічуся.

тому на темних вулицях, на північному заході Бостону,
я прокинувся, Господи.

there, in my throat, I look – there he sits
a small boy, frightened and mad,
I come closer, but I am that boy, fuck, I am that boy!
and then – we both disappear.
we run out of air like a punctured tire.
I begin to listen to my voice
and come out.
with some kind of laurel crown.

so I know all the names of animals and things,
I know, from what side moss grows on the root,
and now it is clear
what can't be spoken about,
I'm not hunchbaked,
I'm a half transparent guy without a house,
because I'm everywhere, and I'm nowhere
everything knows where I am, so no one will find me
and I am filled with warm air, and sometimes I glow.

so on the dark streets, northwest of Boston,
I wake up, thank god.

ELEGIES FOR CONSUELA (2016)

translated by *Olena Jennings*

Елегії для Консуели, 2016
переклала *Олена Дженнінз*

1

сумно мені без тебе. може ти прийдеш, може побудеш,
як буваєш із мандрівниками вночі,
коли гасне вогнище і час вирушати далі.
спіть вночі мої оченята, тоді кажеш.
але часу нема спати. я намагаюся запам'ятати.
але як намагатися.
зараз я впевнений що не забуду, нічого не забуду.

а вдень я шукаю за тобою в натовпі,
твої частини тіла в інших людей, ти вся інша людина,
по частинах розкидана тут і там,
ти навіть не єва, ти яблуко.

птахо, де ти полетіла.
серце важке, як шмата, що набрала води,
птахо, в які діри набивається твоє тільце,
які краплини води сковзають з твого пір'я.
може якщо тобі також буває сумно,
якщо часами ти теж найсумніша істота на світі,
напиши собі список речей,
які трапилися з іншими людьми а не з тобою
і викреслюй з нього по пункту.

як ми всі знаємо зі школи,
хмароподібна вода так гарно висить над будинками,
намагаюся переставати шукати очима,
зависаю сам у повітрі дивлячись на хмари.

ти не єва, ти навіть не яблуко.
і не забувайте, в українській мові слово біль —
чоловічого роду.

1

I miss you. maybe you'll visit, maybe you'll stay awhile,
like you stay with the wanderers at night
when the fire dies down and it's time to move on.
sleep at night, my eyes, but then you say.
there isn't time for sleep. I try to remember.
but how can I.
now I'm certain that I won't forget, I won't forget anything,

but during the day I search the crowd for parts
of your body in other people, you are a totally different person,
pieces of you are scattered everywhere,
you aren't even eve, you are the apple.

little bird, where did you fly.
my heart is heavy, like a wet rag,
little bird, what cavities do you burrow into,
what drops of water slide down your feathers.
maybe if you also find yourself sad,
if sometimes you find you are the saddest thing in the world,
make yourself a list of incidents
that happened to other people and not to you
and cross them off one by one.

just like we did in school,
water resembling clouds hangs nicely over buildings,
I try to stop searching,
I hang in the air gazing at the clouds.

you are not eve, you aren't even the apple,
and don't forget that in Ukrainian pain
is a masculine noun.

2

автомобільні двері відчиняються разом з камерою на них.
вид з місця водія: людина в першому дзеркалі,
в другому дзеркалі, в правому вікні.
кадр на двері. дверна ручка тріщить
дуже голосно і спазматично.
не привертаю до себе уваги.

за ніч в мені збирається забагато зайвого слизу та рідини,
це насичує темну пору доби додатковими переживаннями,
визбирую в скалках світла між гілками дерев,
їхніми тінями,
частини твого силуету,
який посувається нічним парком.

я цей вірш переписував, але ти в ньому така ж невиразна,
наближаєшся.
ти поруч.
заходжу в кімнату твого запаху,
лягаю поруч.

до вікон машини попідставляти телевізори
з проминанням дороги.

потім приходжу додому,
а всюди нікого нема, як і на вулицях нікого не було.
скидаю одяг, я голий,
скидаю шкіру, виблискую кістьми,
вмикаю холодну воду.
тонкий шматок мила як маленька рибка
що танцює біля останнього камінчика,
перед гирлом, коло хрестика на дні ванни,
далі вода впадає в глибоку темряву
в порожнечу.

2

car doors open with a camera attached to them.
the view from the driver's side: a person in the first mirror,
in the second mirror, in the right window.
the door in the camera's frame. the door handle screeches
very loudly, spasmodically,
I don't call attention to myself.

throughout the night I collect a lot of extra mucus and liquid
that contributes to my worries in the dark,
I gather splinters of light from among the branches of the trees,
their shadows,
pieces of your silhouette
that moves through the park at night.

I rewrote this poem, but you are barely discernable in it,
you move closer,
you are next to me.
I walk into the room of your scent,
I lie down next to you.

they installed televisions in the car windows
that show the passing roads.

then I come home,
but there is no one there, just as there was no one on the streets.
I take off my clothes, I'm naked,
I take off my skin, my bones shine,
I turn on the cold water.
a sliver of soap dances
like a small fish near the last tile,
in front of the drain, near the cross at the bottom of bathtub,
then the water falls into deep darkness
into emptiness.

3

поверхом вище жінка грає на віолончелі якийсь концерт,
написаний може в дев'ятнадцятому столітті
може в двадцятому.

читаю музику як книжки,
слухаю поезію як музику,
пісні складаєм завдяки потворам,
потворюєм основні слова.

в кадрі ваза, довго, вона стоїть на столі.
раптом рука її скидає, це ж рука жінки.
у фільмах кажуть що в мене рот на всю голову,
у фільмах кажуть, що жінка бігає
по коридорах порожньої школи,
спершу дитина,
тоді молода,
потім стара.
ти любиш бігати?

лунає віолончельна музика
жінки з білим волоссям.
в одну мить з аудиторій виходить купа людей.
всі йдуть разом з тобою.
а я ж так можу випустити тебе з уваги,
і випускаю. все. тебе нема,
музика стає повільніша і не така бадьора,
робиться важко на серці.
жінка схиляє голову з білим волоссям.

відриває руку хтось від столу,
під рукою біла картка.
хтось відриває руку від столу.
а під рукою — біла картка,
що поробиш,
під рукою біла картка. біла-біла.

3

on the floor above a woman is performing a piece on the cello
which was probably written in the nineteenth century
maybe in the twentieth.

I read music like a book,
I listen to poetry like I listen to music,
repetition helps us compose songs,
we repeat the most important words.

in the frame is a vase, it has been on the table a long time.
suddenly a hand pushes it, it's the hand of a woman,
in films they say my mouth is as big as my head,
in films they say a woman runs
in the hallways of an abandoned school,
at first she is a child,
then she is a young woman,
then she is old,
do you like to run?

the music played on the cello
by the woman with white hair echoes.
suddenly a bunch of people exit auditoriums.
you are among them.
but I can lose you
and I do. it's done. you're gone.
the music slows and is less cheerful,
my heart becomes heavy.
the woman with white hair bows her head.

someone lifts a hand from the table,
beneath the hand is a white card,
someone lifts a hand from the table,
beneath the hand — a white card,
but what can you do,
beneath the hand is a white card. so white.

4

і ось, з глухих околиць,
з глибокої прірви квінзу,
де життя зупинилося від вуличної спеки
й вологе повітря, з ознаками латинської архітектури,
з рядами гаражів без ознак,

так хочу торкати темну шкіру тутешніх жінок,
вони їдуть разом зі мною,
на кожній зупинці вони заходитимуть у вагон,
бо тут виходять тільки увечері,
тільки по цілоденній роботі,
з вухами повними гулу машин і станків,
кухонних витяжок,
води,
яка на хвилю бачить
світло білих тарілок з недоїдками,
світло чорних рук.
ми зникаємо з поверхні, йдемо в чорноту.
як медична голка в вену хворого
ми повільно протинаємо собі шлях нутрощами мангеттену.

за останні десятиліття
в вигляді цього міста змінилася тільки якість кінокамер,
на які ми записуємо його, все змінилося.

4

and so, in outlying neighborhoods,
in the deep abyss of queens,
where life has stopped from the heat on the streets
and the humidity in the air. with traces of latin architecture,
with rows of undistinguishable garages,

I really want to touch the dark skin of the local women,
they ride along with me,
at each stop they enter the train,
and they only exit here in the evening,
after all day at work,
ears full of the din of cars and machinery,
kitchen appliances,
water
which for a moment sees
a flash of white plates and leftovers,
the light of dark hands,
we disappear from above ground, descend into darkness,
like a syringe into the vein of a sick person,
we slowly make our way into inner manhattan,

over the last decades
the only thing that changed about this city is the quality
of cameras with which we film it.

5

за дітозгубництво висилають до сибіру,
за діторобництво відсилають до нью-йорку.

поетів треба шанувати поки вони живі.
а колись же настане час,
коли ти будеш старий і помиратимеш, махно.
поети мусять мати батьків,
найчастіше ті також поети,
поети мусять мати себе за батьків.

поезія вмерла, старий чоловіче.
ліна тадеївна симоненко-драч
тепер живе в притулку для зів'ялих квітів,
вона там усе має
бо їй більше нічого не треба
вона має триста віршів і фіолетову оправу.
моя колишня дружина завжди ненавиділа такий колір,
ним завжди малюють паркани і брами в галицьких селах,
але це колір смерті. як можна його ненавидіти.
всі поети мають хворе серце кольору смерті махно.
воно жене холодну бліду кров щоранку
на пасовисько за селом,
там той, чия тепер черга, її випасає цілий день,
дерек волкотом поганяє цілий день, як в нас кажуть.

я не такий дурний як виглядаю,
так казав мій викладач української літератури
в академії друкарства пан зіновій бичко.
а ще він казав: не робіть з тата вар'ята.

5

for child murder they send you to siberia
for child making they send you to new york.

poets should be respected while they are alive,
and the time will come
when you are old and will die, makhno,
poets have to have parents,
most often they are poets themselves,
poets should be parents to themselves.

poetry is dead, old man,
lina tadeivna semenenko drach
now lives in a a shelter for withered flowers,
she has everything she needs there
because she no longer needs anything
she has three hundred poems and a purple cover,
my ex-wife always hated that color,
in galician villages they always paint fences and gates in that color,
but it is the color of death, how can you hate it,
all poets have a heart the color of death makhno,
it circulates the cold pale blood to the pasture
outside the village every morning,
there, the person whose turn it is watches it all day,
derek will walcott it up the whole day, like they say,

I'm not as stupid as I look,
as my instructor of ukrainian literature at
the academy of writing mr. zach bully used to say,
and he also said don't make a lady from your daddy

6

ґорацій казав: не втечеш, зенику,
бо й за вершником сидить чорна журба.
а ще він казав, що й дерева мають свою вітчизну.
а ще він казав, що ми це тільки порох і тінь,
а мідянка це тільки змія.
та ми ровесники. всі поети так чи інакше ровесники.
просто — чи я старий, чи ти молодий. ось у чім питання.
через це й книжки завжди відкриваються
на тих самих сторінках це вже точно.

7

сухі сходини. бабця в дворі каже до псів:
я вас годую ви пам'ять про максіка.
сухі сходини старого польського дому без поляків
скриплять кістьми розпачливіше тепер,
коли бабця поволі йде нагору повторюючи слова про спогади.
поезія росте з горба,
поезія росте крізь гниле тіло максіка в горбі.
максік каже з-під землі: я дуже радий вас бачити,
але мені так жаль, що бачити зараз вас не можу.
бо я, максік, я здохнув.
і бабка моя здохне, але хто покладе в землю її.
вона буде поволі гнити на сходах, які не скрипітимуть,
вона лежатиме на старих польських сходах,
вечірнє сонце поволі випаровуватиме з її м'яса рідину.
а вночі, коли темна вода підніматиметься по сходині
в бік її тіла між першим і другим поверхом,
вода питатиме в максіка,
навіщо ти залишив свою бабцю на сходах мертвою,
живим псам нема діла до мертвих,
максік виє на мертвий місяць,
максік співає пісню мертвих собак для своєї бабці,
яка вмерла на сходах між другим поверхом і першим.

це сценарій, в якому по черзі зникають всі персонажі
це пісня в якій пси виють на місяць бо він
у всьому винен.

6

horace said: you won't get away, zachy,
because even a horseman has his infinite sorrow behind him,
and he also said, even trees have their native land,
and he also said, we are only dust and shadow,
and a coronella is just a snake, and we are contemporaries,
all poets in one way or another are contemporaries,
simply — am I the old one or are you the young one,
that is the question. because of this books always open
to the same page it is true

7

the dried out stairs. the old woman in the yard says to the dogs:
I'm feeding you in maxy's memory.
the dried out stairs in the polish building without polish people
creak with bones increasing in despair, when the old woman
slowly goes upstairs repeating words about memories.
poetry grows from the grave,
poetry grows from maxy's decayed body in the grave.
maxy says from underground, I am happy to see you,
but I'm so sorry, that I can't see you now.
because I, maxy, bit the bullet
and my old woman will croak, but who will bury her.
she will slowly rot on the stairs that won't creak,
she will lie on the old polish stairs,
the evening sun will slowly evaporate the moisture from her flesh,
at night when the dark water rises up the steps towards
her body between the first and second floors,
the water will ask maxy,
why did you leave your old woman dead on the stairs,
living dogs don't have anything to do with the dead,
maxy howls at the dead moon,
maxy sings the song of dead dogs for his old woman,
who diedon the stairs between the second and first floors.

this is a script in which all the characters disappear one after another
this is a song in which the dogs howl at the moon because it is
guilty of everything.

8

зникають всі персонажі, пісня це пси які виють на місяць.
він у всьому винен.
це фільм в якому всі повороти сюжету банальні,
як в житті а не в фільмах.
в кадрі головка антиперспіранта,
повільно залазить на неї палець і тисне,
чуємо шипіння і бачимо струмінь,
аж поки не вийде весь вміст пляшечки.

таке враження, що поруч є одна людина яка є завжди,
але мовчить і не реаґує.
в кінці
ця людина скаже тільки одне речення,
незвичним голосом.
ось її обличчя,
світло торшера вмикається і гасне.
бачимо або обличчя, прив'язане тінями до стіни,
або нічого.
ось її обличчя,
або ось нічого.

коли виросту то відпущу собі бороду до землі
це й буде моя тінь, коли виросту матиму тінь
і вона ростиме зі мною, і в'язатиме мене до землі.
план такий, що поволі ми з нею поміняємося місцями,
вона стане мною, а я стану нею,
тільки я зменшуватимусь.
а коли й це коло пройде до свого початку
то я не народжуся знову, просто довга тінь бороди.

світло торшера вмикається гасне.
тінь вмикається гасне заповнює все.
світ має початок і кінець.
всесвіт, був такий цікавий український журнал.

8

all the characters disappear, the song is dogs howling at the moon,
it is guilty of everything,
this is a film in which all the twists are mundane,
like in real life and not in films,
in the frame there is the top of an aerosol can,
a finger slowly appears and presses it,
we hear hissing and see a stream,
until all the contents of the can are released,

there is the feeling that near by is a person that is always there,
but is silent and doesn't react,
at the end
this person says only one sentence,
in an unexpected voice,
then her face appears,
the light of a lamp turns on and then goes out,
we see her face, attached to the wall by shadows,
or nothing,
there is either her face,
or there is nothing,

when I grow up I will grow a beard to the ground
and this will be my shadow, when I grow up I will have a shadow
and it will grow with me, and it will tether me to the earth,
the plan is, that slowly we will exchange places,
it will become me, and I will become it,
only I will have to become smaller,
and when even this cycle will go back to the beginning
then I will not be born again, just the long shadow of the beard.

the light of the lamp turns on goes out,
the shadow turns on goes out fills everything.
the world has a beginning and an end.
the universe was an interesting ukrainian magazine.

9

бачу як ти йдеш через переповнені натовпи вулиці.
йдеш як маленький вітрильник
на хвилях затоки в дельті гадсону.
хвилі тебе колихають і твоє біле тіло виблискує на сонці.
а зранку, коли я прокинуся, моя подушка,
моє ліжко будуть мокрими,
цілу ніч мене колихатимуть хвилі як човник,
спітнілий від спеки, рідина покидає мене,
стаю сухий, виблискую на сонці.

люди стоять ніби разом,
але між ними шиба вітрина будь яке інше скло
вони ніби тримаються за руки але між ними
шиба вітрина. будь яке інше скло.
вони припадають вустами одне до другого,
але між ними шиба, вітрина, будь яке інше скло.
шиба вітрина, будь яке скло.

10

коли мені було кілька років,
я сховався на веранді сусідського будинку,
і мене не могли знайти.
будинок старий дерев'яний дошки гнилі
будинок тому коричневого гарного кольору,
висока трава, занедбаний виноградник,
великі й солодкі бомбони.
пташки співають грекою.
маю скляні очі, перетворений в чекання,
в тиху пісню рівномірного дихання.
так чекаю, поки мене знайдуть.
навіть не думаю про те, що мене можуть і не шукати.
ніхто і не планує мене шукати,
але мені до того нема діла,
я чекаю, коли мене знайдуть.
я маленький хлопчик, мені кілька років.
я чекаю коли мене знайдуть
я зазираю в шиби старого покинутого дому.

9

I see you walk through the crowded streets.
you go like a small sailboat
on the waves of the gulf on the hudson delta,
the waves rock you and your pale skin shines in the sun,
and in the morning when I wake, my pillow
and my bed will be wet,
all night the waves will rock me like a boat,
sweating from the heat, the moisture evaporates,
I dry off, shine in the sun,

people stand as if together, but
between them is the pane of a store window or some other glass
they seem to be holding hands but between them
is the pane of a store window. some other glass.
they place their lips against each other
but between them is a pane, a store window, or some other glass,
the pane of a store window, some glass.

10

when I was only a few years old,
I hid on the porch of a neighboring house,
and they couldn't find me,
the house was old wooden the boards rotten
that is why the house had a nice brown color,
high grass, an abandoned vineyard,
large and sweet grapes,
the birds sing in greek,
I have glass eyes, I am transformed into waiting,
into a quiet song of measured breathing.
I wait, until they find me.
I don't even consider that they might not even look for me.
no one is even planning to look for me,
but I don't care,
I wait for them to find me.
I'm a small boy, only a few years old,
I wait until they find me
I look into the window of the old neglected house.

11

роками чекаю коли мене знайдуть
я зазираю в шиби старого покинутого дому,
за шибами старі речі, ліжко, стіл, телевізор,
покинуті речі, які шкода було викинути,
воно все смердить, очевидно,
пилюкою, цвіллю і забуттям, як інакше.
назовні будинок коричневий, надворі літо,
його колір гарно виглядає
на тлі зелених заростів городу,
зеленого лісу далі.

коли я ходив до початкової школи,
вона називалася школа радості,
стежкою між високих дерев на вулиці пулюя
мене завжди проводив ворон, чи крук,
я собі думав так.
як в тім фільмі з брендоном лі.
брендон отримав кулю в груди
фільмуючи ворона у свої двадцять вісім,
а мені зараз двадцять сім, цілий рік, цілий один рік,
яка простoрість, яка прозорість на горизонтах.
дуже біле і чисте приміщення,
але в якому дуже сильно смердить.
ось це і є пам'ять, це і є спогади.
так багато світла, що здається,
ніби нічого в цій кімнаті нема,
гарно, але сморід нікуди не подіти,

все, що залите світлом,
не конче перестає існувати.

11

I wait for years for them to find me,
I look into the window of the old abandoned house,
old things lie beyond the window, a bed, a table, a television,
abandoned things that were hard to throw out,
they all smell, obviously,
of dust, mold, and neglect, how could it be any different.
the exterior of the house is brown, outside it is summer,
its color looks nice
against the background of green growing in the garden,
the green forest in the distance.

when I went to grade school,
it was called the school of happiness,
on a path between tall trees on puluj street
I was always accompanied by a crow, or a raven,
I thought it was like in
that film with brandon lee.
brandon got a bullet in the chest
during the filming of the crow when he was twenty eight
and I am now twenty seven, a year, a whole year,
what possibilities, what discoveries on the horizon.
a white and clean place,
that really smells,
that is the memory, these are recollections.
so much light, that it seemed
there is nothing in the room,
it is nice in there, but you couldn't do anything about the stench,

everything that is bathed in light
doesn't necessarily cease to exist.

12

абревіатура мого імені така,
що коли ти її пишеш чи промовляєш,
то все припиняє працювати,
зупиняються автобуси на вулицях,
вимикають світло в підземці,
зупиняють ліфти між поверхами,
вимикають охолодження в коридорах,
твоє серце зупиняється і очі твої тепер заплющені.
я повільно нахиляюся до твоїх м'яких і холодних вуст,
цілую. ти не оживаєш, казочка не спрацювала.
залишаю собі твої відображення у вітринах,
залишаю собі тіні твого тіла на тротуарах
і клапті твоїх темних копій на зелених кущах,
біжу за твоїм силуетом вечірніми алеями,
я маю чарівний ліхтар, але тіні розбігаються від світла,
дурні поети, вічно помиляються,
часто навіть навмисно, щоб писати свої віршики,
з таким завзяттям. може й не варто на них ображатися, на нас.

13

я чекаю тебе. в моїй квартирі, властиво не моїй,
вона належить всім моїм родичам, але не мені,
в квартирі на кульпарківській сто сорок сім
я чекаю тебе, в моїй квартирі, властиво не моїй,
на касарняній, на казерненштрассе,
де живуть всі мої родичі але не я,
я чекаю тебе, в будинку дев'ять а,

але де б не чекав, ти не приходиш.
тому я роблю сьогодні те, що можу перенести на завтра.

і все таки, як тебе звати. яка різниця як тебе звати,
я тебе вигадав, як хочу, так і називаю.
знову чуємо віолончель.
ольга кличе езру на вихід, на великий парад.
деталі тепер зайві.

12

my initials are such
that when you write them or say them
everything stops working,
the buses on the streets stop,
the lights go out in the subway,
the elevators get stuck between floors,
the air conditioners in the hallways are turned off,
your heart stops and your eyes are closed,
I slowly bend towards your soft and cold lips,
kiss them, and you don't come to life, the fairytale doesn't work,
I leave for myself your reflection in store windows,
I leave for myself the shades of your body on the sidewalks
and shreds of your dark copies on the green bushes,
I run after your silhouette in the evening alleys
I have a magic lantern, but the shadows run from the light,
foolish poets, they are always wrong,
often even on purpose, to write their poems with such determination,
that maybe it's not worth it to be upset by them, by us.

13

I wait for you in my apartment, not really mine,
it belongs to all my relatives, but not to me,
in the apartment at 147 kultparkivska street
I wait for you. in my apartment, not really mine,
on kasarniana street, on kasernenstrasse,
where all my relatives live but not me,
I wait for you, in building nine a,

but wherever I'm waiting you don't come. so I'm doing
all the things today that I could really put off until tomorrow.

and by the way, what is your name, it doesn't matter what your
name is, I made you up, so I can call you whatever I want,
we hear the cello again.
olha calls ezra to come to the big parade.
details are now redundant.

14

тоді я намагаюся писати віршики завжди,
як мав вільну хвилинку,
зранку я відриваю своє тіло від ліжка
всупереч здоровому глузду й законам земного тяжіння,
відриваю своє тіло від ліжка як листок з зошита,
всупереч здоровому глузду і законам природи.
перечитую дещо з того, що записав перед сном
з важкої голови, зав'яжу очі веселками,
як казала пані женя, п'ю каву. щось іду їсти
цілую всіх жінок на вулиці гарних
і не дуже
але все одно привабливих

веселки вицвітають від зміни вологості,
зміни —
це неабиякі хвилювання і дрібне потріскування в тілі.
далі я звичайно виконую якісь обов'язки,
забавляю себе дурницями, але час минає,
невблаганно, безповоротно зникає життя,
тоді зникнеш ти,
тоді зникну я.
або навпаки, спершу я і потім ти,
що краще для мене,
але дуже погано для тебе.
сумно без тебе.
може прийдеш,
може побудеш,
може ти ще побудеш.

14

I used to write poems all the time back then,
when I had a free moment,
in the morning I pull my body from bed
against the laws of common sense and earthly burdens,
I pull my body from bed like a page from a notebook,
against the laws of common sense and nature,
I reread some of what I wrote before bed
with a heavy head, I tie my eyes with rainbows,
like ms. zhenya used to say, I drink coffee, I eat something,
I kiss the pretty women on the street and all the
not so pretty
but attractive anyway

rainbow colors fade because of the change in humidity,
changes
cause extreme anxiety and tiny crackling in the body.
then I complete some errands,
and occupy myself with foolish tasks, but time passes,
inexorably, life passes irretrievably,
then you will disappear,
then I will disappear
or the other way around, first me and then you,
which is better for me,
but too bad for you.
I miss you,
maybe you'll come,
maybe you'll stay,
maybe you'll stay a little longer.

MASS (2010)

translated by *Yuriy Tarnawsky*

Маса, 2010
переклав *Юрій Тарнавський*

1

тихої ночі тобі сестро.
квітка плоті твоєї згортається аж до ранку.
і сонце стоїть іще однією ногою на цій вулиці,
іншою — в оці твоєму.
іще мить так стоятиме поки повіки опустиш.
птахи можуть бачити в леті не мружачись бо
два півмісяця обволікають їм очі
й ми теж мали цю перевагу коли були з горошину.
тихої ночі.

ідея виникнення незалежних частин тіла квітки
живе в намистині роси
й вітер кохатиме тебе одну мить.
симетрія квітки повільна й густа
повільно перетікає повітря й вода і роса
у повітрі
і стигне звук вітру
заплутаний в гіллі сухого дерева.
повільно падає сон, підкорений земному тяжінню.
тихої ночі тобі сестро.

2

бо де б ми не були,
завжди маємо тіні з собою.
маємо темні рани.
біжить хтось і ця втеча вже привела до води,
де вона починається й де закінчується.
я вийшов із натовпу,
та поки це більше схоже на покарання.

тихі сльози — коштовні камінці.
жінка дивитися, як важко обвалюється вечір на дерево.
не виходить із мене пісня. не вилітають голуби з рукавів.
все інше, де б не закінчувалося, де б не починалося,
щоразу таке саме але інше.

1

a peaceful night to you sister.
the flower of your flesh closes up until morning.
and the sun stands on one foot in this street
and in your eye on the other.
it will stay this way for a while until you lower your eyelids.
while flying birds can see without squinting because
two half-moons shade their eyes
and we also had this advantage when we were the size of a pea.
a peaceful night to you.

the idea of the birth of the independent parts of a flower
lives in the beads of dew
and the wind will love you just for an instant.
the symmetry of a flower is slow and dense
slowly flow air and water and the dew
in the air
and the sound of the wind grows cold
in the branches of a dead tree.
sleep slowly sinks giving in to the gravity of the earth.
a peaaceful night to you sister.

2

because no matter where we might be,
we're always followed by shadows.
we carry dark wounds.
somebody runs and his flight leads to water,
to where it starts and where it ends.
i have left the crowd
but for now it seems more like a punishment.

quiet tears are like precious stones.
a woman looks and sees the evening sinking heavily onto a tree.
the song won't leave my body. doves won't leave my sleeves.
all else, no mater where it starts or where it ends,
is always the same but different.

3

це полювання на тигрів, яких не видно,
це довга алея з порожніми скринями,
я вірю в провалля, і мене манить країна
де літом у птахів були б горла повні піску,
а зимою ріки примерзають до дна
і риби не старіють аж до весни.

я переношу сюди оперу по цеглині,
в мене є вдосталь часу для цього,
будь моєю, будь моєю до кінця,
будь моєю, музика в пісках,
моє горло повне піску
моя трахея звужена до розміру піщини,
я дихаю пальцями, тож обійми мене.

монгольська пляма у небі. ти повертаєшся,
в твоєму волоссі вода, ти намокла під дощем,
сьогодні не буде нічого незвичного.
ми лягаємо спати і замовкають пта́хи,
ми чуємо голоси незнайомих людей внизу,
у подвір'ї, десь дуже далеко.

4

деякі вірші варто читати мовчки,
тоді їхнє тривання довшає, я засинаю,
тоді бачу раніше небачені сни,
здалека вечір надходить.

мовчазна жінка стоїть коло вікна,
вона питає себе про вчорашні події.
її глибокі очі, її руки. її тіні повільно горять.
що я можу.
згідно з поетами змії прив'ють онімілий крик
до зів'ялого стовбура, до колеса, зашитого в цупкий вогонь.
тепер вільні вершники, вогняна яма, тьма глибока палає,
ці прекрасні тіні навколо.

3

this is hunting for tigers you can't see,
this is a long avenue lined with empty chests,
i believe in the abyss and am drawn to a country
where the throats of birds would be full of sand in the summer,
and in the winter rivers freeze to the very bottom,
and fish don't grow old until the spring.

i carry the opera over here brick by brick,
i have enough time for that,
be mine, be mine to the very end,
be mine, music is all sand,
my throat is full of sand,
my windpipe is the width of a grain of sand,
i breathe with my fingers, so put your arms around me.

there's a mongolian stain in the sky, you come back,
your hair is full of water, you're soaked with rain,
nothing unusual will happen today.
we lie down to sleep and the birds fall silent,
we hear voices of strangers down below,
in the courtyard, far away.

4

some poems should be read silently,
then they last longer, i fall asleep
and see then heretofore unseen dreams,
an evening comes from far away.

a silent woman stands by the window.
she's asking herself about what happened yesterday.
her deep eyes, her hands, her shadows burn slowly.
what can i do.
according to poets snakes tie mute screams
to a wilted tree trunk, to a wheel, sewn into a stiff fire.
now there're horsemen, a burning pit, a deep flaming darkness,
these beautiful shadows all around.

5

уявіть собі ріку, нічого не потрібно з цим робити, просто уявіть,
я їй говорю течи повільніше і записую новий вірш.
шкода що я не письменник, я б і сам знав, що розповісти.
має бути підказка, завжди має бути підказка.

після читання циклу віршів ти маєш лежати,
ти б мала переживати щось як оргазм.
я лежу на поверхні води ніби мертвий.
це я перетворюю смерть на поезію,
це я позбавляюся зайвого, того чого не позбавитися.

6

це монолог чоловіка з пластмасовим пістолетом.
стань переді мною, оголи свої груди і заплющ очі.
якби він був з металу, то став би реальною зброєю,
я міг би когось убити з нього. але в ньому —
пластмасові кульки і звук навіть не злякає тебе,
якщо стрілятиму, в мене є ціла коробка патронів,
жовті кульки. заплющ очі, я не хочу щоб ти бачила
як я торкнуся тебе, я не хочу щоб ти боялася,
я ж маю зброю в руках.

я колись куплю собі пневматичну рушницю,
вона буде металевою, хоча також не буде справжньою.
одного разу я вже хотів купити таку,
я стріляв з неї по пляшках у сусіда,
але мені казали що він не продасть, тому й не питав навіть.
бо це справжній азарт, стріляти з такого,
не те що мій пістолет із жовтими кульками.

прокидатися треба повільно,
виходити зі сну треба повільно,
обережно
щоб не накоїти чогось поганого,
щоб не наробити біди. так само і з душу.

5

imagine a river, don't do anything with it, just imagine,
i tell it, flow more slowly, while writing down a poem.
too bad i'm not a writer, i'd know then what to say.
you need a hint, you always need a hint.

after reading a cycle of poems you have to lie down,
you should experience something like an orgasm.
i lie stretched out on the surface of water like a dead man.
this is how i turn death into poetry,
how i get rid of what's not needed, of what you can't get rid of.

6

this is a monologue of a man with a plastic handgun in his hand.
stand before me, bare your chest and shut your eyes
as if it were of steel and it'll turn into a real weapon
i could kill someone with it. but inside it there're
just little plastic bullets and its sound won't even scare you
when i pull the trigger, i have a box full of shells,
little yellow bullets. shut your eyes, i don't want you to see
how i touch you, i don't want you to be scared,
after all i'm carrying a gun in my hand.

one day i'll buy myself an airgun,
it'll be of steel, although still not a real gun.
one day i wanted to buy one like that,
i shot at bottles in my neighbor's yard,
but they said he wouldn't sell it to me, so i didn't even ask.
because it's exciting to shoot from a gun like that,
not my plastic handgun with its yellow bullets.

you have to wake up slowly,
you have to leave sleep slowly,
carefully,
so as not to cause something bad,
cause some harm. ditto for showers.

7

першими бачать цю плоть вікна з найвищого поверху.
на щастя, ми виходимо не промовляючи ані слова.
озираючись думаємо,
чи ж хтось із наших сусідів це колись бачив.
він запитав Ольгу, може має вона батіг, але батога вона не мала.
зате мала чорну голову коня. він узяв її та спитав
чи є інший вихід з будинку.
можна виходити на вулицю через сад і сад
перед нами. плоть з найвищого поверху перед нами.

спокійно! помічники заховалися за спинами,
отже я буду вільний, жодного сумніву,
дзбани повні світла, Фарадею,
ковадло чуже хоч і гаряче,
тобі ж потрібні ті дзбани і ти береш їх.
щоранку вони порожні й тепер у них достигає світло,
просто прийти й узяти.
наша батьківщина у небі, де починається небо.

ймовірно, я страждаю безсонням тільки тому,
що не хочу писати. скоро світатиме.

9

певна лічба для ритму.
вмирають останні півні так близько до ранку, вони загусті.
це момент, коли звук переходить у росу.
вибухають найглибші водойми,
але звуку не чуємо, бо не бачимо.
вогонь виганяє псів з трави
провіщати пожежу.

повільно горять пустоти в темряві перед ранком,
вона ж найгустіша, вона — загуста.
пес — то найсухіша частина трави,
коли дотліває, лишає по собі лиш ніс і язик.
не бере мене сон, не везе через ріку самотній мене.
оминає мене й омине.

7

first you see this flesh of the window from the top floor.
luckily we go out without saying a word.
looking back we wonder
if some of our neighbors have seen it once.
he asked olha if she has a whip, but she didn't have one.
she had a black head of a horse instead. he took it and asked
if there was another way to get out of the building.
you can go out into the street through the garden and the garden
up front. the flesh of the tallest bulding before us.

calm now! the helpers have hid behind their backs,
so i'll be free, there's no doubt about it,
the jugs are full of light, faraday,
the anvil belongs to someone else although it's hot,
but you need these jugs, and you take them,
they're empty every morning and now light ripens in them,
all you have to do is come and take them.
our homeland is in the sky, where the sky starts.

i probably suffer from insomnia because
i can't write. soon it'll be dawn.

9

a certain way of counting for the sake of the rhythm.
the last roosters die so close to dawn, they flow too thick.
it's the instant when sound turns into dew.
the deepest reservoirs explode,
but we hear no sound because we don't see.
a fire chases dogs out of the grass
to announce the coming of the conflagration.

emptiness burns slowly in the darkness before dawn
because it's the thickest, it's too thick to flow.
a dog is the driest part of grass,
when it finishes burning it leaves behind a nose and a tongue.
sleep won't come to me, being so lonely, it doesn't ferry me
acrosst the river. it tries to pass me and succeeds.

10

ні, єпископ живий.
єпископ — у воді, під водою, в морі.
його плавники такі, що він може загортатися в них як у плащ.
право носити митру має лише єпископ,
тож носить він митру.

це велика риба, це потвора в моїй кишені,
моя балтійська кишеня,
мій голос іде за тобою,
він тепер вода і ти ведеш його,
всі його краплі — ознака що ти був тут,
бо ти ковтав його плоть і вона була твоїм повітрям.
тепер я чекаю її ніби марію,
я приймаючи воду з труби
уявляю, що це мій голос вертається
що хлор це його нова кров
і що впізнаю його коли протікає по відкритих ранах моїх
і зникає за маленьким хрестиком у дні ванни.
важке тіло твоє обвалюється на мене.

коли Елігію треба підкувати коня,
в якого вселився диявол і той брикається,
то він просто відрубає йому ногу й підковує.
і мене зовсім не цікавить що далі робити з ногою
бо Елігій диявола за носа тримає щипцями,
ногу можна викинути.

я лежу на поверхні води ніби мертвий.

10

no, the bishop's alive.
the bishop's in the water, under the water, in the sea.
his fins are such that he can wrap himself in them as in a cloak.
the bishop's the only one who has the right to wear a mitre
and that's why he wears it.

it's a big fish, it's a monster in my pocket,
it's my baltic pocket,
my voice follows you,
it's water now and you lead it,
all its drops are a sign that you were here
because you swallowed its flesh and it will be your air.
i wait for it now as if for mary,
accepting water from the pipe
i imagine that it's my voice coming back,
that chlorine is its new blood,
and that i recognize it when it flows over my open wounds
and vanishes under the little cross on the bottom of the bathtub.
your heavy body collapses onto me.

when eligio has to shoe the horse
possessed by a devil and it bucks,
he simply cuts off its leg and puts a horseshoe on it.
and i have no interest whatever what happens to the leg
because eligio is holding the devil by the nose with a pair of tongs,
the leg can be discarded.

i lie on the surface of the water as if dead.

11

вірші походять від чекання,
тіло набуває ознак
зазвичай притаманних нутрощам, мушлі,
глибокій порожнині,
глибокість якої починається з повільного гулу.
це — один зі звуків, який виник напередодні,
в темнішому приміщенні аніж це,

хоч і читаю щоразу цей вірш у різних місцях.
запах людини нічим не гірший від тіні,
повторює все за нами. зрештою — є за нами,
бо його наслідування трохи повільніше.
але це триває до часу, поки йдемо вперед,
чи — прямуємо передом.

запах може бути з будь-якого боку нашого тіла,
наприклад, він буде попереду, якщо задкуємо.
і тільки коли зупиняємося, коли стаємо у спокої,
запах набуває ознак нашої тіні в темній кімнаті.

час є завжди з нами, маємо його і він має нас.
найвиразніше вичерпується якраз одночасно з чеканням.
думаю про вітер, якого тут зараз немає,
проте який можемо видобути з кожного предмета.
він, як те чекання — у схованках.

11

poems come from waiting,
the body takes on the characteristics
usually associated with innards, shells,
deep voids
whose depth starts with deep booming.
it's one of the sounds which appeared the day before,
in a space darker than this one,

although i read this poem each time in a different spot.
a man's scent is in no way worse than a shadow,
it repeats all that's behind us. actually, it is behind us
because its mimicking is a bit slower.
but it lasts only so long as we move forward
or stride with our fronts first.

the smell can be on any side of our body,
for instance, it will be up front when we move backwards.
and only when we stop, when we stand still and quiet,
the smell can take on the characteristics of our shadow in a dark room.

time's always with us, we own it and it owns us.
it depletes most clearly precisely with our waiting.
i think of wind, which isn't right now here,
but which we can get out of any object.
just like the waiting, it always hides.

12

вважаємо, що пташки дивляться на нас крізь гілля так,
як ми дивимося на них, бачимо себе всюди.
тінь зникає і з'являється.

я забуваю. знімаю маску — мене впізнали.
найважливіше я забуваю. я забуваю найважливіше.
знімаю маску і кладу на край дня,
на стиґму твоєї тіні,
вологу стиґму твоєї тіні,
стань обличчям моїм.
ця історія про невимовлене і забуте,
тихо падає сніг,
птахи лишають нас холоду, птахи лишають нас холоду,
птахи лишають нас холоду. тихо падає сніг.

13

щойно розлите свіже світло в темряві.
м'якне шиба вікна від тепла.
світло це полишає яйця свої в тебе на скронях,
що ми звикли називати їх потом.
це роса, з якої вилуплюється твоє обличчя сьогодні.
розростається трава поволі, в'януть тіні предметів
і вкривають крихким полотном наші відчинені лежачі долоні.

круки й ворони всотують перами крил
покинуті мороком рештки,
чорні уламки ночі вони струшують на поверхню вулиці,
змушені незнаною силою опадати в повітря,
в незайманий простір.
чорне вертає до себе, озираючись на раптовий вигук
і поволі розкладається на всі кольори

тоді бачу жінку вагітну піском і сонцем посеред темряви,
це повертаються з заходу найбільші й найменші птахи.
трохи довше цвістиме криниця в пустелі,
але світло скрапує, як завжди.

12

we think that birds look at us through branches
the way we look at them, as we see ourselves everywhere.
a shadow vanishes and comes back.

i forget. i take off the mask and they see who i am.
the most important, i forget. i forget the most important.
i take off the mask and put it on the end of the day,
on the stigma of your shadow,
on the moist stigma of your shadow,
please, be my face.
this is a story of the ineffable and the forgotten,
the snow falls slowly,
birds leave us to the cold, birds leave us to the cold,
birds leave us to the cold, slowly falls the snow.

13

recently spilled fresh light in the midst of darkness.
the windowpane grows soft from the warmth.
this light leaves its eggs on your temples
which we normally call sweat.
it's the dew dorps your face comes out of like a chick from an egg.
grass spreads slowly, the shadows of objects wilt
and a brittle fabric covers the open palms of our hands.

ravens and crows sop up
the remnants that darkness left behind,
they push down onto the streets the black fragments of the night,
forced by an invisible force, sink in the air,
in the virgin space.
black returns to itself, glancing furtively in the direction of a
sudden call, and slowly decomposes into all colors

then i see a woman pregnant with sand and sunlight in the midst
of darkness, it's the biggests and the smallests birds who are
coming home from the west. the well in the desert will bloom
a bit longer but light forms drops as always

14

маємо стіл і символи, маємо день,
бо ми його так назвали,
маємо своє надумування.
говорячи про музику — маємо надумування,
мистецтво починається там, де ми називаємо його таким,
музика починається там, де щось стверджує про неї,
де маєм її ознаки.
це відкривання імені, це розгортання паспорта.

справжня музика є музика без паспорта,
без означеного місця житла, перетинає межі, минаючи їх.
у філармонії не живе музика,
в орґанному залі не живе музика,
у філармонії не живе музика,
в підвалах не живуть щурі,
в церкві не живе Бог,
в Бозі не живе вино,
маємо стіл і символи,
маємо музику і зображення дня, який ми так називаємо.

15

річ, яку можемо дати звідси сюди,
нічого не втративши, змінивши в ній дещо,
тут і там дещо змінивши,
але не змінивши насправді нічого. це початок кінця.

бо за природою звук є м'який у своїй твердості
й м'якне вавилонська цегла
розбиваючи м'які голови святих і неуважних.
звук є звуком доки не пролунає,

стаючи архітектурою чи малярством,
залежить від ваги його дна і від поверхні музики,
на яку йому судилося впасти.
поезії нема. ми — в тому, що пробуджується саме крізь себе.

14

we have a table and symbols, we have days
beause that's what we call them,
we have our thoughts.
speaking of music, we have thoughts,
art starts where we call it art,
music starts when something says something about it,
when we know its features.
it's the discovery of a name, it's the opening of a passport.

real music is a music without a passport,
without a fixed abode, it crosses boundaries while passing them by.
music doesn't live in a concert hall,
music doesn't live where there is an organ,
music doesn't live in a concert hall,
rats don't live in basements,
god doesn't live in a church,
wine doesn't live in god,
we have a table and symbols,
we have music and an image of days, which is what we call them.

15

an object we can move from here to there
without losing anything, changing something a little in it,
changing something here and there,
but in reality not changing anything. it's the beginning of the end.

because by its nature sound is soft in its hardness,
and the babylonian brick grows soft,
breaking the soft skulls of the saints and of the careless ones.
sound is a sound as long as it stays mute,

turning into architecture or painting,
depends on its weight and depth and on the music
it was destined to fall on. poetry doesn't exist.
we live in what wakes up just through itself.

16

знову думаю про сіре тло для малювання,
про осінній час. я знову думаю про сіре.
хіба вбивця, який бреше своїй матері про кров на щоці
може бути самотнішим за мене.
там, де помер патріарх, сьогодні торгують рибою.

про осінній час, де зоря є камертоном пустелі повітря.
глибокі холодні піски
обволікають вулиці перед початком грози.
тут пам'ять про природу стає вищим знаменням поразки,
тож розкажи мені тепер про щастя бути птахом,
тобі видний жовток, що зникає за концентрованою лінією,
за пружким овалом тривання. сон упав поряд зі мною
й очі залишилися розплющені на обличчі,
повернутому в мій бік. довгі-довгі лінії по вікнах.
згортайте шиби хуткіше й ховайте в тубусі кімнати
під зів'ялими зорями, сьогодні прийде Огінський
збирати перли з твоїх очей у музичну скриньку,
музика буде розстелена темрявою
ледве торкаючись предметів,
твого обличчя ледве торкаючись і самої себе.
відбрунькковується вода рвуться лінії. обвалюється дім.

17

повільний ритм, там завжди світло і чиста одіж
і руки їхні є музикою
там завжди музика є світлішою за одіж,
там світло завжди повільніше.
це бомба сповільненої дії,
це атомний гриб на сповільнюваній плівці
це Гофманн сідає на велосипед
і бачить раніше небачені сни.
зачиняйте двері за собою, тут починається музика.

тут музика і закінчується.

16

once again i think about a gray background for a painting,
about autumn. i think again about the gray.
can a murderer who lies to his mother about the blood on his cheek
feel more lonely than i?
they sell fish today, where the patriarch once died.

about autumn, when the star is a tuning fork for desert air.
deep cold sand
covers the streets before the onset of a storm.
here remembering nature becomes the ultimate sign of defeat,
so tell me about how great it is to be a bird,
you can see the yolk behind the concentrated line,
behind the elastic ellipse of duration. the dream fell down
next to me and the eyes have stayed open on the face
turned toward me. there are super long lines on the windows.
hurry, take down the windowpanes and hide them in the tube
of the room under the wilted stars. ohinsky will come today
to collect pearls from your eyes and put them in the music box,
the music will be spread thin by the darkness
so that it'll barely touch things,
your face, barely touch itself.
water sprouts buds, lines break. the house collapses in a heap.

17

a slow rhythm, over there there's always light and clean clothes
and their hands are music,
music there is always lighter than clothes,
the light there is always slower.
it's a delay-action bomb,
it's an atomic bomb mushroom in a slow-motion film,
it's hofmann getting up on his bicycle
and seeing dreams never seen before.
shut the door behind you, here's where the music starts.

the music also stops here.

Oleksandr Frazé-Frazénko is a filmmaker, writer, composer, music and movie producer, photographer, painter, designer, co-founder of the "OFF Laboratory" production company. Born in Lviv, Ukraine, Oleksandr is known for his feature documentaries about Ukrainian artists and poets ("Chubai" in 2014, "The House on Seven Winds" in 2015, "An Aquarium in the Sea" in 2016, "Mister Nobody" in 2017, "Casi Desnudo" in 2018, "New York. Malaniuk" in 2019, "Lysheha" in 2020). His oeuvre includes several hundred films and videos. He is also involved in producing commercial advertising and music videos. His first professional short film, "Don't Lie to Me," was premiered in 2016 at Wiz-Art Lviv International Short Film Festival. Oleksandr has authored ten books of poetry, all of which are collected in a volume, "Decadence" (2017). He is the first to have translated Jim Morrison's poetry into Ukrainian, and published it in 2013. He has also translated English poetry of the Restoration Period, including works of John Rochester. Oleksandr performs improvisational music, indie-rock, orchestral music, and rap. His discography consists of more than fifty albums. His photography has been exhibited in Ukraine and Georgia. His paintings, drawings and sculptures are in personal collections (Ukraine, Poland, Georgia, Germany, Canada, USA). Since 2015 lives in two countries, Ukraine and The USA.

Olena Jennings is the author of the poetry collection *Songs from an Apartment* and the chapbook *Memory Project*. Her translation with Oksana Lutsyshyna of Artem Chekh's *Absolute Zero* was released in 2020 by Glagoslav. Her novel *Temporary Shelter* is forthcoming in 2021 from Cervena Barva Press. She holds an MFA from Columbia University and an MA from the University of Alberta. She is the founder and curator of the Poets of Queens reading series.

Yuriy Tarnawsky is a Ukrainian-American writer, linguist, and educator. He was born in Ukraine, but was raised and educated in the West. He has authored some three dozen books of poetry, fiction drama, essays, translations, as well as linguistic publications in Ukrainian and English. He is a co-founder of The New York Group, a group of avant garde Ukrainian diaspora authors, and one of the original members of Fiction Collective, a collaborative of American innovative writers. He is considered one of the most radical innovators in contemporary Ukrainian literature, who broke with the neoromantic traditions in Ukrainian poetry and introduced new topics and forms that changed the face of Ukrainian literature. His English language works he have been lauded for an innovative language use, genre development, and Surrealist elements, in particular reliance on dreams. Among his Ukrainian language works are the books of poems "Life in the City" (1956), "Without Spain" (1969), "Questionnaires" (1970), "Poems About Nothing" (1970, "The Plumed Heart" (1986), and "U ran a" (1992). They have been collected in two volumes — "Poems About Nothing and Other Poems on the Same Subject" (1970) and "They Don't Exist" (1999). His English language books include the novels "Meningitis" (1979) and "Three Blondes and Death" (1993), "Warm Arctic Nights" (2019), and "The Iguanas of Heat" (2019), the collections of short stories "Short Tails" (2011) and "Crocodile Smiles (2014; expanded edition 2020), "The Placebo Effect Trilogy" (2013), consisting of three books of interconnected mininovels (his own genre) "Like Blood in Water," "The Future of Giraffes," and "View of Delft," the play "Not Medea" (2009), the collection of poetry "Modus Tollens" (2013), the book of essays "Claim to Oblivion" (2016), and a textbook of creative writing "Literary Yoga" (2018). Yuriy Tarnawsky studied Electrical Engineering at New Jersey Institute of Technologhy(BSEE, 1956) and a linguistis at New York University (PhD, 1882). He has worked as computer scientist at IBM Corporation and as professor of Ukrainian literature and culture at Columbia University. In 2008 Yuriy Tarnawsky was awarded the Prince Yaroslav the Wise order of merit by Ukrainian government. In 2019, he was inducted into the hall of fame of New Jersey Institute of Technology, his alma mater. Mr. Fraze-Frazenko's film "Casi Desnudo" is about Yuriy Tarnawsky.

FOLLOW OLEKSANDR FRAZE-FRAZENKO

instagram.com/frazefrazenko
youtube.com/c/frazefrazenko

FOLLOW POETS OF QUEENS

instagram.com/poetsofqueens

www.ingramcontent.com/pod-product-compliance
Lightning Source LLC
Chambersburg PA
CBHW030232100526
44583CB00013BA/968